Peyman Amin

Der Modelmacher

Peyman Amin
unter Mitarbeit von Timur Vermes

DER MODELMACHER

Ungeschminkte
Ansichten

HEYNE <

FSC
Mix
Produktgruppe aus vorbildlich bewirtschafteten Wäldern und anderen kontrollierten Herkünften
Zert.-Nr. SGS-COC-001940
www.fsc.org
© 1996 Forest Stewardship Council

Verlagsgruppe Random Houe FSC-DEU-0100
Das für dieses Buch verwendete
FSC-zertifizierte Papier *Munken Premium Cream*
liefert Arctic Paper Munkedals AB, Schweden.

Umschlaggestaltung: Hauptmann & Kompanie
Werbeagentur, Zürich
Umschlagfoto: Antonio Prudente (www.antonioprudente.com)
Herstellung: Helga Schörnig
Satz: Christine Roithner Verlagsservice, Breitenaich
Druck und Bindung: GGP Media GmbH., Pößneck
Printed in Germany 2010

ISBN 978-3-453-60163-5

www.heyne.de

Für den Meister Yoda der Modelagenten:

Bruno J.

Abbildungen:

Seite 13, 15, 33, 36, 59, 65, 70, 75, 77, 99, 104, 105, 108, 109, 110, 128, 133, 139, 168, 175, 176, 189, 200, 239: privat
Seite 87: picture-alliance/Sven Simon
Seite 214: Getty Images/Ethan Miller
Seite 217: picture-alliance/dpa
Seite 222: Europa-Park
Seite 224: ullstein bild/Brill
Seite 227: Stephan Rumpf/SZ Photo

Trotz intensiver Bemühungen gelang es dem Verlag in einigen Fällen nicht, mit dem Rechteinhaber des jeweiligen Fotos Kontakt aufzunehmen. Der Verlag bittet diesen oder eventuelle Rechtsnachfolger, sich mit ihm in Verbindung zu setzen. Er verpflichtet sich, rechtmäßige Ansprüche nach den üblichen Honorarsätzen zu vergüten.

Inhaltsverzeichnis

The Making of: ein Buch

Schön, dass Sie hier sind!

Eigentlich sollte hier ein ganz anderes Vorwort stehen. Ein nettes, höfliches »Guten Tag, lieber Leser«-Vorwort, wie man es auch von anderen Büchern kennt. Ich hatte es sogar schon fertig. Ein bisschen langweilig, ehrlich gesagt, dafür sehr förmlich. Aber kurz vor Fertigstellung des Buches stellte ich fest: Ich brauche ein anderes Vorwort. Ich sollte Ihnen so etwas wie eine Gebrauchsanweisung an die Hand geben, damit Sie an diesem Buch richtig viel Freude haben. Und dass das nötig sein könnte, merkte ich daran, dass mir eine bestimmte Frage immer wieder in die Quere kam.

Das liegt daran, dass man so ein Buch nie alleine macht. Sobald der Text fertig ist, lesen anschließend viele Leute drüber, damit möglichst keine Fehler drin sind. Und jedes Mal, wenn jemand von diesen Leuten mit dem Lesen fertig war, kam er oder sie zu mir und sagte:

»Ich hab mal die Namen gegoogelt – die gibt's ja tatsächlich!«

»Ja sicher«, hab ich jedes Mal gesagt.

»Also nicht nur Heidi Klum und Bruce oder so, sondern auch die andern! Die ganzen Models!«

»Und?«

»Die gibt's alle wirklich?«

»Sicher doch.«

»Ja, aber – das sind doch alles keine kleinen Fische. Ich hab das mal nachgeguckt, die haben reihenweise für die absoluten Toplabels gearbeitet!!«

»Natürlich. Was dachtest denn du, wen ich vermittelt hätte?«

Und weil sich dieser Dialog immer wieder wiederholte, habe ich gedacht, ich sollte es Ihnen besser vorher sagen. Denn Sie kennen mich ja womöglich nur von Sendungen wie *Germany's Next Topmodel* und *Die Model-WG*, und Sie sind vielleicht auch nur vorwiegend mit den Namen unserer TV-Kandidatinnen vertraut. Doch Sie werden im Laufe dieses Buchs viele Blicke hinter die Kulissen werfen können. Ich werde Ihnen Geschichten aus der Branche erzählen, von Agenten, von Designern, von Models und über Models. Und wenn man glaubt, die Namen der Protagonisten und Protagonistinnen wären alle erfunden oder geändert, dann ist das Buch nur der halbe Spaß.

Also, wenn ich Ihnen einen Tipp geben darf: Lesen Sie mein Buch in der Nähe eines Computers oder Ihres iPhones. Legen Sie sich ein Bookmark auf eines der großen Modelverzeichnisse wie zum Beispiel *www.Fashionmodeldirectory.com*. Und holen Sie sich alle Gesichter zu den großen und kleinen Geschichten auf den Schirm. Denn diese Menschen gibt es wirklich, sie waren auf den bekanntesten Titelseiten der Welt, sie sind bei den ganz Großen der Branche über den Laufsteg gelaufen. Und das ist kein Werbespruch: Ich rede hier von den Haute-Couture-Shows der ganz Großen in Paris, von »Dior«, von »Givenchy«, von »Yves Saint Laurent« – die absolute

Topklasse, die Champions League im Modelbusiness. Weiter nach oben kann man es hier nicht schaffen. Und damit bekommen Sie für Ihr Geld wirklich etwas, was es so in Deutschland noch nie gab: einen exklusiven, informativen Blick hinter die Kulissen des internationalen Modelbusiness.

Und dazu einige Einblicke in mein Leben.

Die Fotos für letztere Abschnitte habe ich allerdings schon für Sie rausgesucht und ins Buch gestellt. Die finden Sie nämlich garantiert nicht im Internet.

Ihr Peyman

Ein Junge aus Teheran

Ich bin in Teheran geboren. Die ersten sieben Jahre meines Lebens wohnte ich mit meiner Familie in einer schlichten Vier-Zimmer-Mietwohnung in der zweiten Etage einer durchschnittlichen bürgerlichen Wohngegend, ziemlich zentral. Gegenüber lag die Kurdengegend, die damals im Iran zu Zeiten des Schahs die Rolle der Gastarbeiter einnahmen. Ein Schlafzimmer teilten sich meine älteren Brüder Omid, Wafa und ich, eines meine Eltern, eines bewohnte unsere Nanny mit ihrer Tochter. Wir waren nicht reich, nicht arm, ganz normaler bürgerlicher Mittelstand. Wir hatten ein Auto, unser erstes war ein »Paykan«, ein iranisches Modell, aber ich erinnere mich noch gut, wie mein Vater extra nach München gefahren ist, um ein echtes deutsches Auto zu kaufen. Zurück kam er stolz mit einem »Peugeot«, und blöde Nachfragen diesbezüglich waren nicht sehr willkommen.

Wir hatten eine Nanny, weil meine Eltern beide arbeiteten. Meine Mutter war Beamtin bei den Strom- und Wasserwerken, mein Vater war Angestellter im Innenministerium. Die Nanny sprach mit uns nicht persisch, sie sprach aserbaidschanisch, wie jene Hälfte meiner Familie, die aus der Region Täbriz im Norden des Irans stammt.

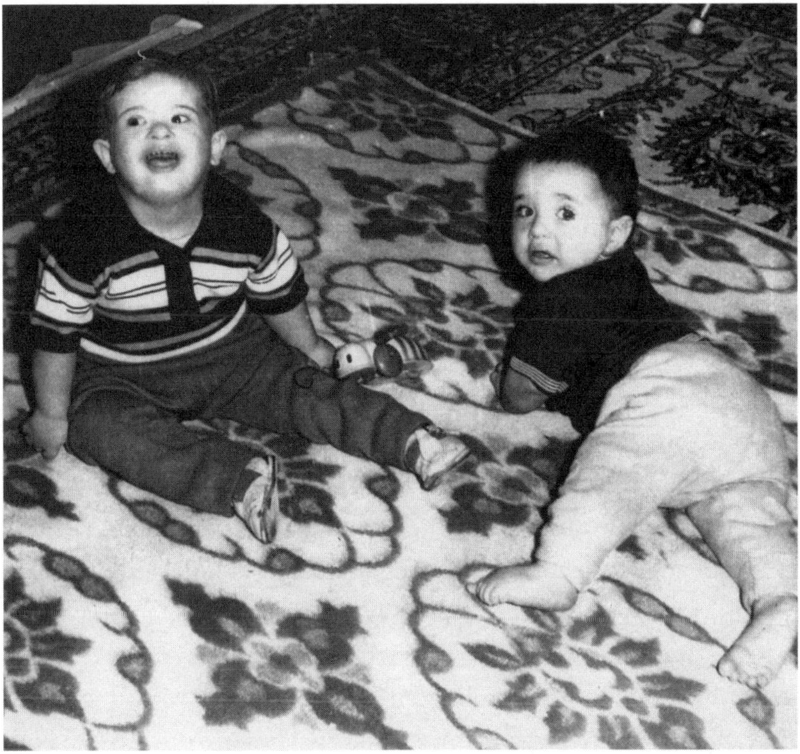

Zwei bleiben auf dem Teppich: Omid (l.) und Wafa in unserer Wohnung in Teheran. Mich gibt's noch gar nicht.

Diese Region teilen sich Aserbaidschan, die Türkei und eben der Iran, daher ähnelt die Sprache auch dem Türkischen, etwa so wie das Deutsche dem Niederländischen. Unsere Nanny hat mit uns aserbaidschanisch gesprochen, und wir haben ihr auf Persisch geantwortet. Wie mit unseren Eltern auch: Sie haben ebenfalls mit uns nur aserbaidschanisch gesprochen.

Ich bin seit meinem siebten Lebensjahr nicht mehr in Teheran gewesen. Ich habe mir das nicht ausgesucht. Das haben sich die Mullahs dort für mich ausgedacht. Also nicht speziell für mich, so wichtig bin ich denen nicht. Aber für meine Familie und viele andere Familien. Man trifft heute in aller Welt jede Menge Iraner. Häufig Architekten, Ärzte, Wissenschaftler, Iraner sind ehrgeizig und lesen viel. Das soll nicht arrogant klingen, Sie können ja selbst mal ein bisschen die Augen offen halten, und Sie werden feststellen, dass Iraner im Ausland viel häufiger Häuser errichten oder Schönheitsoperationen durchführen als Falafelbuden aufzumachen. Vielleicht Zufall, mag sein, vielleicht sind auch die ganzen Falafelfalter im Iran geblieben, weil Ayatollah Khomeini den festen Plan hatte, eine Nation von Falafelbudenbesitzern in eine glorreiche Zukunft zu führen – ich weiß es nicht. Ich wollte jedenfalls schon als Kind nicht aussehen wie ein Falafelbudenbesitzer Das weiß ich genau. Denn ich erinnere mich noch gut an meine erste Begegnung mit der Welt der Mode.

Ich war sechs, und ich war mit meiner Mutter unterwegs. Mein erster Schultag stand bevor, und ich brauchte eine Schuluniform. Also gingen wir los und probierten Uniformen durch, und ich erinnere mich, wie wichtig es mir war, dass die Uniform gut aussah. Nur, weil es »Uniform« heißt, bedeutet das nicht, dass es keine Unterschiede gibt. Sie kann schlechter sitzen oder besser, und ich wollte keiner von denen sein, die in ihre Uniform gestopft aussahen wie eine Presswurst oder bei denen alles derart weit war, dass man schon von weitem sehen konnte, dass da das Wachstum bis zur fünften Klasse bereits jetzt mit eingerechnet war. Ich weiß noch ganz genau, dass ich Spaß daran hatte, etwas in dieser Richtung auszusuchen. Ich mochte die Idee von Uniformen, ich habe ja sogar heute noch einen Hang zu Schulterklappen, damals war es wahrscheinlich mehr so eine Art Auszeichnung: Dass man in dem Alter ist, in dem man die kleinstmögliche Form des Erwachsenseins erreicht hat, und das dokumentiert man mittels der Uniform. Grauer Anzug, weißes Hemd, klassische Kombination. Ich bilde mir ein, dass die Uniformoptik schon damals eine Frage der Ästhetik war. Es ist aber auch gut möglich, dass mir diese ganze Schulangelegenheit sowieso unheimlich war und ich instinktiv das suchte, was gute

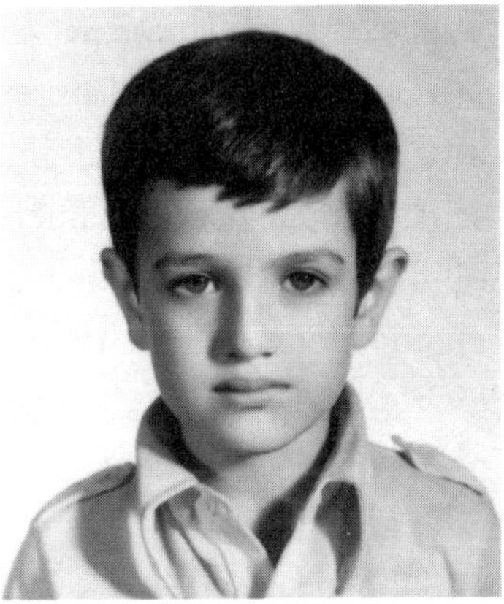

Das ist wahres Stilbewusstsein: Schon mit fünf Jahren trug ich Hemden mit Schulterklappen.

Mode oft ihrem Träger verleiht: Sicherheit. Denn mein erster Schultag war eine Katastrophe. Mein Bruder Wafa denkt heute noch mit Grausen daran.

Wafa war schon in der dritten Klasse, und in der dritten Klasse halten sich die Jungs im Iran wie in vielen südlichen oder orientalischen Gegenden praktisch schon für erwachsen. Man ist cool, man ist superstark, der Macker, der Macho, und da kann man es eigentlich nicht so gut brauchen, wenn eine kleine Heulsuse aus der Familie auftaucht. Erstens wegen der Heulsuse an sich, und zweitens, weil dann auch noch Mutti mitkommt. Und in Begleitung von Mutti wirkt niemand besonders machohaft. Außerdem durfte Wafa sich nicht verdünnisieren, er sollte auf jeden Fall dabeibleiben und seinen kleinen Bruder moralisch unterstützen.

Die Schule hatte am Haupteingang eine große, breite Treppe. Man ging am ersten Schultag hinauf, und oben nahmen dann die Lehrerinnen und Lehrer die Kinder in Empfang und brachten sie zu ihren Klassen. Da entstand natürlich eine Riesentraube wie vor einem

Bienenstock, es wimmelte von Eltern, Kindern, Lehrern. Und Wafa stand mitten drin, weil unsere Mutter auf ihn einquakte, er müsse dringend auf mich aufpassen und ein guter großer Bruder sein. Mütter haben praktisch nie auch nur den Hauch eines Gespürs dafür, wann kleine Jungs einen Ruf zu verlieren haben. Aber das Ganze schien wenigstens noch glimpflich abzulaufen. Wafa erzählt heute noch gern, wie die Lehrerin alle neuen Schüler eingesammelt hat, inklusive Klein-Peyman, wie sie in den Klassen verschwanden und unsere Mutter ihm auf dem verwaisten Schulvorplatz nochmal einen gründlichen Vortrag über seine Verantwortung als Älterer hält. Und wie er sich umdreht und gerade in seine Klasse gehen will, geht oben die große Schultür auf, eine kleine Heulboje rennt raus und schreit gellend: »Mamaaaaaaaaa!! Lass mich nicht alleiin!«

Die Heulboje war natürlich ich. Und Wafa hat sich vor seinen Kumpels in Grund und Boden geschämt, denn seinen kleinen Bruder zu begleiten, ist eine Sache – aber wenn der dann auch noch eine derartige Memme ist, du lieber Himmel. Und dass ich ein wenig ängstlich war, ließ sich spätestens dann nicht mehr verbergen, als meine Mutter mich selbst in meine Klasse bringen musste, weil ich heulend an ihrer Hand hing und mich an ihr festklammerte als ginge es um mein Leben. Ich weiß gar nicht mehr, wie sie mich ins Klassenzimmer geschafft haben ohne Mamas Arm abzutrennen, aber irgendwie muss es geklappt haben, schließlich hat sie ihn heute noch immer. Wafa hingegen behauptet seither, einer von uns sei wohl auf der Straße gefunden worden.

Die Lehrer waren richtig streng. Wenn du deine Hausaufgaben nicht gemacht hattest, bist du nach vorne zitiert worden, vor die gesamte Klasse, und dann gab es Schläge mit dem Lineal innen auf die

Finger. Also nicht brutal, klar, das war eine Schule, kein Schreckensregiment, aber es war definitiv nicht angenehm. Das war schon was komplett anderes als die gemütliche Atmosphäre daheim, und Sie können mir glauben, man hat sich wirklich bemüht, die Hausaufgaben zu machen.

Wafa und ich haben uns schnell in der Schule zusammengerauft. Es ging ums Überleben. Es ging darum, wie man dem Kantinenessen entgeht. Wir waren schließlich in einer Ganztagsschule, die uns bis vier Uhr nachmittags betreute. Schüler, die in der Nähe wohnten, durften mittags nach Hause, aber Schüler, die weiter weg gewohnt haben oder deren Eltern, wie unsere, arbeiteten, mussten in die Kantine zum Essen. Und das Essen war furchtbar. Unser Ziel lag gegenüber: eine Imbissbude, wo's so was wie Hot Dogs gab. Das Problem war, den richtigen Schülerausweis zu kriegen – einen, der bescheinigte, dass man zu den Schülern gehörte, die mittags nach Hause durften. Wafa hat daraufhin einen Brief unserer Mutter gefälscht: Wir bräuchten eine Sondergenehmigung, wir sollten trotz der Berufstätigkeit von ihr und ihrem Mann mittags zu Hause essen. Und er scheint sich dabei richtig geschickt angestellt zu haben, denn er bekam den Ausweis. Und weil es unglaubwürdig gewesen wäre, wenn Mama nur den einen Sohn mittags zu Hause sehen will, den anderen aber nicht, musste er notgedrungen dasselbe für mich mitbeantragen. Der Ausweis war eine Goldgrube.

Wir konnten jeden Mittag raus und essen, was wir wollten. Das war für mich immer völlig selbstverständlich. Wie wir das finanziert haben, habe ich erst kürzlich von Wafa erfahren. Bezahlt haben wir durch Lebensmitteltransporte. Die anderen Kinder wollten schließlich auch immer was vom Imbiss mitgebracht bekommen, und wir haben dann eine kleine Transportpauschale erhoben. Ich hab das natürlich nicht ausgetüftelt, ich bin immer nur mampfend nebenhergetappt, das ist auf Wafas Mist gewachsen – manchmal bin ich ganz verblüfft, dass aus ihm kein Kleinkrimineller geworden ist oder ein Autoschieber, sondern ein extrem anständiger Geschäftsführer.

Ich frage mich, ob ich auf Dauer auch ins Hot-Dog-Transportgeschäft eingestiegen wäre, als Kompagnon, nicht nur als der, der immer mit vollen Backen kauend nebenherläuft. Aber diese Entscheidung hat uns die Revolution ziemlich brutal abgenommen.

Die Wahnsinnsbranche

Ich arbeite in der hektischsten Branche der Welt. Gut, mit Ausnahme von Feuerwehr, Rettungsdienst und Polizei vielleicht. Und mit dem besonderen Unterschied, dass die Hektik im Modelbusiness hausgemacht ist. Wahnsinn im Eigenbau, der darin besteht, dass es nie genug Models gibt – obwohl es eigentlich genug Models gibt. Klingt verwirrend, nicht wahr – ist aber nur logisch. Es ist einfache Mathematik. Ganz simpel. Rechnen Sie mit!

Nehmen wir zum Beispiel an, ein Kunde möchte am Freitag in acht Tagen ein Shooting mit einem Model für sein Produkt machen: eine Creme. Also beauftragt er eine Castingagentur, geeignete Models zu finden. Die Agentur sucht sich nun verschiedene Models zusammen und fragt bei den Modelagenturen an, ob die gewünschten Mädchen am Freitag in einer Woche Zeit haben. Wenn das Model Zeit hat, setzen die Castingagenturen eine Option. Das heißt, das Model nimmt sich am kommenden Freitag nichts vor. Das ist im Grunde dasselbe, wie wenn man sich beim Einkaufen eine Hose zurücklegen lässt, aber nicht weiß, ob man sie tatsächlich kaufen wird. Und weil die Castingagentur dem Kunden nicht nur ein Model vorschlagen will, sondern fünf bis zehn, macht sie dasselbe mit anderen

Models und anderen Agenturen noch fünf- bis zehnmal. Und das bedeutet: Am kommenden Freitag ist nicht nur ein Model vorerst mal ausgebucht. Sondern zehn. Und zwar so lange, bis sich der Kunde für eines von ihnen entschieden hat. Dann haben die neun anderen am Freitag wieder frei. Und da liegt der Hase im Pfeffer.

Die Agentur des Models weiß das natürlich. Sie weiß: Eine Option ist zwar schön, aber etwas wert ist sie erst bei einer Zusage. Und in neun von zehn Fällen löst sie sich in Luft auf und weder Model noch Agentur haben auch nur einen müden Cent daran verdient. Währenddessen klingelt das Telefon und jemand anderes fragt für den Freitag nach demselben Model. Diesmal nicht für Creme, sondern für Minikleidchen. Aber das Model ist blockiert. Es hat ja versprochen, sich den Freitag freizuhalten, für den Fall, dass es eine Creme belächeln darf. Und jetzt können Sie natürlich sagen: »Ach, das ist dann halt ein dummer Zufall.« Aber wenn alle für jeden Termin zehnmal so viele Leute anfordern, wie sie eigentlich brauchen, dann ist das kein Zufall mehr. Dann ist das System. In einer Woche finden hundert Shootings statt und tausend Models müssen sich diese Tage freihalten. Darum stehen Sie als guter Agent ständig unter Strom.

Denn Sie haben ja permanent Models an der Hand, die Termine und damit Aufträge zusagen müssen, die sie wahrscheinlich doch nicht kriegen. Und Sie haben ständig Anfragen am Telefon für weitere Termine. Ihr Ziel als Agent ist nun, Ihre Models in möglichst viele (und möglichst aussichtsreiche) Rennen um diese Jobs zu schicken, weil nur so gewährleistet ist, dass sie irgendwann Aufträge auch wirklich bekommen. Damit Ihre Models aber andere Optionen zusagen können, müssen die alten Optionen wegfallen. Der optionierende Kunde muss sich entscheiden.

Diese Entscheidungstermine kennen Sie natürlich. Die Castingagentur war so freundlich, es Ihnen gleich bei der Option mitzuteilen. »Am Freitag ist das Shooting«, sagt sie, »bis Dienstag wird sich der Kunde entscheiden, welches Mädchen es wird.« Es wird Montag und es wird Dienstag und was nicht kommt, ist die Entscheidung. Ohne Entscheidung gibt's auch keine Freiheit für eine neue Option. Und so gegen Nachmittag rufen Sie dann langsam mal an und fragen was los ist.

Vielleicht kennen Sie das auch: Sie haben einen Chef, und der drückt sich um praktisch alle Entscheidungen. Oder er zögert sie hinaus, weil er auch nicht so genau weiß, was denn nun besser oder schlechter ist, und dann hofft er, dass mit der Zeit eine weise Eingebung kommen wird oder eine schlagartige Erleuchtung. Da sind Kunden oft nicht anders. Das ist dann auch der Castingagentur unangenehm. Andererseits will die ihren Kunden auch nicht auf die Füße treten. Also nerven sich Modelagent und Castingagent erstmal eine schöne Zeit lang gegenseitig. Mit allen Terrorinstrumenten des modernen Büros. Wir rufen uns an, bis der andere schon beim Aufleuchten der Telefonnummer im Display schreiend seinen Schreibtisch räumt. Wir schreiben E-Mails, die sich voneinander vor allem dadurch unterscheiden, dass sie immer kürzer werden und dafür immer mehr Ausrufezeichen beinhalten. Wir benutzen die Worte »dringend«, »Dringend!« und »URGENT!!!«, was dasselbe bedeutet, aber auf Englisch noch viel dringender klingt. Ach so, wir bereichern dieses Spiel natürlich gelegentlich auch um weitere Mitstreiter.

Es muss ja gar nicht immer nur das Dreieck Kunde-Castingagentur-Modelagentur sein, das sich gegenseitig das Leben zur Hölle macht. Es ist bei geschicktem Arrangement auch möglich, dass sich die Mitarbeiter der Modelagentur gegenseitig zerfleischen. Sozusagen Terror im Eigenbau. So war es eine meiner Horroraufgaben, Optionen für US-Models unserer New Yorker Niederlassung für europäische Kunden zu besorgen. Das heißt, der Castingagent ruft bei mir an und will ein US-Model. Ich rufe für ihn bei den US-Kollegen an und will die Option buchen. Aber die Option gibt's nicht, weil das Model noch in einem anderen Rennen ist. Damit ich das Model meinem Europakunden zusagen kann, müsste der US-Kollege nun wiederum bei seinem Kunden auf eine Entscheidung drängen. Seinen Kunden zu nerven schätzt er so sehr wie Fahrradfahren ohne Sattel. Also tut er's nicht. Oder wenigstens nicht gleich. Weshalb ich brodelnd am Schreibtisch sitze, weil ich sicher bin, dass die drüben mich hängenlassen. Weil sie glauben, dass ihr Kunde wichtiger wäre als mein Kunde, der bei mir anruft und drängelt. Also rufe ich an und nerve weiter. Ich bin gut im Nerven. Bei »IMG« in New York hat mich niemand Peyman genannt. Die haben mich »Painful« getauft. Weil's so schmerzhaft war, mit mir zu telefonieren. Weil ich nie Ruhe gegeben habe, wenn ich eine Option wollte. Die Amerikaner sagten gern: »Wir melden uns, wenn wir die Option geben können.« Und sie hofften, dass ich dann brav auf ihren Anruf warten würde. Ich habe nie gewartet. Ich habe genervt. Nerven bringt was.

Inzwischen ruft der Kunde bei mir alle zehn Minuten an. Nicht der Kunde selbst, klar, es ist die arme Sekretärin des Kunden oder der Assistent der Castingagentur, die haben von ihren genervten Chefs irgendwann mal den Auftrag bekommen: »Sie klingeln da jetzt alle zehn Minuten durch. Und geben mir alle fünf Minuten Bericht.« Man hebt ab, man beherrscht sich, ist höflich, speichert die ganze Wut, bis man aufgelegt hat und dann ruft man die Kollegen in New

York an und lässt seinen Gefühlen mal schön freien Lauf. Währenddessen kommt eine dritte Anfrage für dasselbe Model rein. Sie beißen erst in Ihre Maus, dann ins Mousepad und dann nagen Sie sich durch die Schreibtischplatte. Wenn Sie Pech haben, arbeiten Sie in einer modernen Agentur und die Schreibtischplatte ist aus Glas. Das ist dann nicht gut für die Zähne. Und zum Schluss, wenn Sie geistig von allen Seiten gut durchgewalkt und mürbgezwiebelt worden sind, dann ruft eines Ihrer Models an und fragt, was denn jetzt mit diesem Superjob ist.

Denn das gibt's natürlich auch: Dass eines Ihrer Models ganz besonders wild auf einen Auftrag von einer Firma ist. Und wenn dieses Model auch noch eine kleine verwöhnte Göre ist, dann kann die Ihnen das Leben genauso zur Hölle machen wie ein Kunde. Dann ruft das Model ganz ohne Sekretärin selbstständig alle zehn Minuten an. Models können da sehr effizient sein.

Bitte?

Stimmt, eine berechtigte Frage:

Warum suchen die Agenturen nicht einfach das passende Model aus und setzen DANN erst den Shootingtermin fest? Die Antwort ist: Weil man irgendwo anfangen muss.

Weil nicht jedes Model vom Kaliber Laetitia Casta ist. Dann ab dieser Größenordnung dreht sich tatsächlich alles um den Star. Für Stars von diesem Kaliber räumen dann auch Fotografen mal ihren Terminkalender um, aber eben nicht für Lieschen Normalmodel. Und daher hilft es Ihnen als Werbekunde nichts, ein Dreamteam aus Fotograf, Hairstylist, Model, Make-up-Artist zusammenzustellen, wenn der nächste Tag, an dem die alle zusammen Zeit haben, im Dezember ist, und zwar im Dezember 2015. Bis dahin taugt Ihre wunderbare Creme höchstens noch als Schmiermittel für Fahrradketten. Also müssen Sie erst den Tag festlegen und dann die beste Crew finden, die an diesem Tag Zeit hat. Deswegen müssen sich Castingagenten und Modelagenten und Assistenten und Fotoredakteure und Sekretärinnen die Finger wund tippen und die Ohren taub telefonieren. Jeden verdammten Tag aufs Neue.

The Making of: Mode

Was ist Mode? Was gut aussieht? Was modern ist? Und wer legt das fest? Die Modenschauen? Die Modezeitschriften? Eine Mischung aus allem und von allem wieder nichts. Und obwohl es Magazine ohne Ende gibt, die Mode abbilden, bekommen die meisten Menschen von der richtigen Mode nicht viel mit. Dazu gehören leider vermutlich auch Sie.

Gehen wir's doch mal systematisch durch. Ich möchte wetten, Sie sehen das Ganze ungefähr so: Es gibt in Paris, Mailand, New York und London Modewochen, bei denen die Prêt-à-porter-Shows und die Haute-Couture-Shows stattfinden. Die Presse und das Fernsehen berichten darüber, dann sehen Sie Reportagen über das, was grade angesagt ist. Und die Magazine machen dann große Fotostrecken mit den besten Entwürfen und zeigen Ihnen, ob man in diesem Frühjahr eher Enges oder Weites trägt oder Buntes oder Graues.

Davon stimmt so gut wie nichts. Das Zutreffendste sind noch die Bilder von den Laufstegen: Sie sehen Models, die tatsächlich gelaufen sind und die Entwürfe, die sie tatsächlich getragen haben. Wahrscheinlich waren Ihnen die Entwürfe zu abstrakt, zu bizarr, gucken Sie trotzdem genau hin – näher werden Sie der aktuellen Mode vermutlich nie mehr kommen. Ab diesem Moment wird die Mode zum Produkt der Modelobby. Ab diesem Moment dreht jeder ein wenig an der Wahrheit.

Denn welche Mode in den großen Magazinen und Stilbibeln abgebildet wird, entscheiden nun die Redakteure. Sie wählen aus, mit welchen Kleidern oder Röcken sie die neuen Trends illustrieren. In diesem Herbst sind nilgrüne Blusen chic? Die Redakteurin entscheidet, welche Bluse sie ihrem Model anzieht. Und weil die Modeindustrie das weiß, bemüht sie sich, diesen Redakteuren bei ihrer schweren Entscheidung möglichst gut zu helfen.

An Weihnachten sieht man das besonders gut. Moderedaktionen stehen häufig voller Kartons, weil sie so viele Kleider für Shootings bestellen. Um Weihnachten herum wird der Platz überall doppelt eng, weil sich da zusätzlich die Geschenkkartons türmen. Das sind Geschenke, die richtig teuer werden können. Da geht's nicht um eine Flasche Wein oder ein Tütchen mit Keksen. Wir reden von Geschenken, bei denen Kollegen neidisch werden, weil sie nicht Moderedakteur geworden sind.

Wenn Sie nun in einer Modestrecke all die kleinen Fotohinweise durchlesen, stellen Sie schnell fest, dass immer dieselben Marken dort auftauchen. Und Sie brauchen nicht anzunehmen, dass durch einen außergewöhnlichen Zufall ausgerechnet diese Handvoll Marken immer das beste Kleidungsstück herstellt. Sie als Leser oder Leserin kriegen immer dieselben Marken gezeigt, weil die Beteiligten das so wollen. Sie sehen nicht die beste oder schönste Mode. Sondern Sie sehen, welcher Redakteur am besten mit welcher Marke, welches Magazin am besten mit welcher Marke zusammenarbeitet. Garniert mit aktuellen Schnitten.

Das muss natürlich nicht nur mit Geld und Geschenken zu tun haben. Viel sympathischer, viel eleganter für alle ist es beispielsweise, den richtigen Leuten zu schmeicheln. Moderedakteure interessieren sich ja meistens nicht zufällig für Mode, sie wären vielleicht selbst gerne Designer geworden, sie halten sich für ausgesprochen kompetent. Als Designer können Sie nun diese Moderedakteure ködern, indem Sie sie ein bisschen wie ihresgleichen behandeln. Sie sagen ihnen, für wie wichtig Sie ihre Meinung halten, dass Sie ihre Artikel gerne lesen, ihre Strecken so unglaublich geschmackvoll und elegant finden, dass Sie denken, dass der jeweilige Redakteur mehr von Mode versteht als die ganzen anderen Wichtigtuer. Redakteure hören das gern, und wenn Sie es geschickt machen, ist Ihre Mode künftig viel öfter im Blatt.

Im schlimmsten Fall können Sie auch einfach mit Gewalt vorgehen: Sie drohen mit Entzug der Anzeigenseiten. Anzeigen sind teuer, versprochene Anzeigen nicht zu schalten ist extrem schmerzhaft für Magazinmacher. Entsprechend hilfsbereit sind viele Redaktionen schon im Voraus, und wenn Sie ein guter Anzeigenkunde sind, entdecken Sie normalerweise Ihre Produkte schnell auch ohne großes eigenes Zutun in den redaktionellen Seiten. So tauchen also beispielsweise auf der Doppelseite »Die schönsten Handtaschen zu Weihnachten« nicht die schönsten Handtaschen der Welt auf, die die Redaktion nach sechs Monaten weltweiter Suche gefunden hat. Wenn Sie Glück haben, sind zwei Handtaschen dabei, die überhaupt eine Redakteurin selbst ausgesucht hat. Zuerst wird im Angebot der Werbekunden geguckt, was die so an neuen Handtaschen haben. Und dann, wenn man so zwölf, 13 zusammen hat und die Redakteurin noch Lust an ihrem Job, dann stellt sie Ihnen vielleicht noch eine kleine Handtasche von einem unbekannten Designer daneben, die sie persönlich mag und außergewöhnlich findet.

Sie fragen sich jetzt vielleicht, wo man denn dann die richtige, echte, unverfälschte Mode findet. Tja, dafür müssen Sie sich andere Zeitschriften suchen, kleinere. Es gibt beispielsweise welche in London. Die befassen sich wirklich mit den Trends, sie sind zu klein, als dass es sich für die großen Modekonzerne lohnen würde, sie zu »kaufen« – und sie befassen sich selbst zu leidenschaftlich mit dem Thema, als dass sie sich kaufen lassen würden. *Dazed & Confused* ist so ein Heft oder auch *Wallpaper*, in großen Bahnhofsbuchhandlungen oder an Flughäfen kriegt man die sicher. Wer da mal reinschaut, erlebt einen Kulturschock, und ich gebe zu: Für mich sind die immer etwas zu extravagant. Aber wenn Sie mal wissen wollen, wie Mode aussähe, wenn sie nicht durch verschiedene Machtschichten, Geldströme, Geschenke und Eitelkeiten gefiltert würde, dann müssen Sie hier mal einen Blick hineinwerfen.

Verfolgt

1977/78 änderte sich die Stimmung im Iran. Warum, bekam ich nicht so richtig mit, aber ich merkte, dass sich meine Eltern Sorgen machten. Es war ihnen nicht mehr egal, wo man spielte oder wie lang, sie wollten immer öfter wissen, wann man sich wo aufhielt. Es war, als ginge man an der Hand seiner Mutter spazieren, und plötzlich merkt man, dass sie fester zugreift. Aber nicht ruckartig, sondern man merkt, dass der Griff langsam fester wird.

Tatsächlich hatte es bereits seit einem Jahr immer wieder Unruhen gegeben. Menschen protestierten gegen die Regierung des Schahs, und das alles andere als friedlich. Und das war der Grund, weshalb unsere Eltern uns nicht mehr auf die Straße lassen mochten. Ich weiß noch, dass diese riesigen Menschenmengen, die sich durch die Straßen wälzten, mir komisch vorkamen. Aber als Kind nimmt man ja vieles hin, was merkwürdig ist. Und es ereignete sich allerhand Merkwürdiges.

Die Menschen zogen sich anders an. Mit dem Beginn der Demonstrationen gingen die Frauen auf einmal tief verschleiert auf die Straße. Und das waren Frauen, die normalerweise nicht verschleiert waren. Unsere Bekannten, Menschen aus unserem Freundeskreis, sogar Verwandte, die wir bei uns ganz normal westlich gekleidet im Wohnzimmer hatten sitzen sehen, liefen auf einmal tiefschwarz vermummt durch die Gegend. Man hätte es für eine Art Karneval halten können, aber da war auch nicht der Hauch von Ironie dabei, es war eine bitterernste Sache, und die Menschen, die das machten, wirkten zu allem entschlossen. Wafa erinnert sich noch, dass er unsere Mutter gefragt hat, warum diese Schleier jetzt überall aufkämen, aber eine einleuchtende Antwort hat er nie bekommen.

Es gab noch etwas, was wir nicht begriffen hatten: Man denkt ja gerade als Kind immer, dass Revolutionen von armen Leuten ausgehen. Von Menschen, die nichts zu essen haben, die keine Arbeit finden, Menschen, die verzweifelt sind. Aber schon damals fiel uns auf, dass viele, die mitdemonstrierten, aus wohlhabenderen Schichten stammten als wir. Im Iran ist der Familienbegriff ja weiter gefasst als in Deutschland, insofern war die Familie einfach größer, man kannte die Verhältnisse von mehr Menschen. Und wir wussten: Das waren keine Leute aus Mietshäusern wie unserem, das waren viele Leute aus dem Norden von Teheran, wo man eigene Häuser hatte und einen Swimmingpool, und wo man seine Kinder nach London oder Paris schickte, damit sie dort studieren konnten. Das waren keine hungernden Armen, das waren die Reichen. Das waren hochrangige Beamte, das waren Richter, einer der Leibärzte vom Schah war sogar darunter, die marschierten da alle mit.

Wafa und ich, wir erinnern uns noch an den Tag, als Khomeini in Teheran ankam. Wir waren zu Besuch in der Villa eines wohlhabenden Verwandten und saßen dort vor dem Fernseher. Kaum war er aus dem Flieger ausgestiegen, ging ein Raunen durch den Raum, dass jetzt alles besser würde und was für ein toller Typ dieser Khomeini doch sei. Für uns ging das einfach nicht zusammen: Wie konnte man für eine Regierung arbeiten und deren Gegner bejubeln? Mussten diese Leute nicht dem Schah nachtrauern? Vielleicht war das nur in unserem Bekanntenkreis so auffällig, aber für uns, für Wafa und mich, wirkt es noch immer, als hätten unter der Schah-Regierung erstaunlich viele das Gefühl gehabt, sie kämen zu kurz.

Wafa hat früher als ich geahnt, dass wir durch die Revolution Ärger bekommen würden. Wafa erzählt noch heute, dass direkt vom ersten Tag des Machtwechsels an die Revolutionswächter durch die Straßen gingen und die Menschen mit Kalaschnikows erschossen. Und er hat das nicht nur gehört, er hat das gesehen. Aber auch ich erinnere mich an die Schüsse. Wenn man nachts im Bett lag, hörte man sie. Nicht Geschützlärm aus der Ferne, sondern aus den Vierteln der Nachbarschaft. Einzelne Schüsse, ganze Salven. Es gab permanent Schießereien. Und nicht nur in unserem Viertel, denn wir hatten seit Beginn der Revolution in vielen Vierteln gewohnt. Wir waren auf der Flucht.

An dem Tag, als der Schah abdankte, packten meine Eltern die Koffer. Sie schoben uns ins Auto und dann fuhren wir zu Verwandten nach Norden. In jedem Fernseher, den wir zu sehen bekamen, waren die Übertragungen der Revolutionsgerichte zu sehen. Minister, hohe Beamte wurden abgeurteilt und hingerichtet. Und wir tauchten unter. Wir haben uns bei Verwandten versteckt, schliefen dort ein paar Nächte auf dem Fußboden oder Matratzen, doch wenn wir sie nicht gefährden wollten, durften wir nicht zu lange bleiben. Spitzel und Denunzianten gab es überall, nicht hauptberuflich wie bei der Stasi, aber eben Menschen, die sich beim neuen Regime einschmeicheln wollten. Und es durfte nicht auffallen, dass bei diesem oder jenem in der Wohnung auf einmal zwei Erwachsene und drei Kinder mehr wohnten. Irgendwann, nachdem wir uns bereits in der gesamten näheren Umgebung von Teheran versteckt hatten, beschlossen wir, zu den Schwestern meiner Eltern nach Täbris zu fliehen, 1000 Kilometer weiter in Richtung Norden. Dort solle es nicht ganz so extrem sein wie in Teheran, hieß es.

Also fuhren wir los, voller Angst, weil es dort oben zwar vielleicht ruhiger war, aber der Weg dorthin voller Kontrollposten. Nicht, dass man uns hätte erkennen können, mein Vater war ja kein berühmter Minister, aber es konnte immer passieren, dass ein Revolutionswächter schlecht gelaunt war oder nervös mit dem Finger am Abzug war oder dass ihm deine Nase nicht passte. Wir kamen trotzdem heil in Täbris an.

Unsere Tanten lebten in einer Sackgasse, etwa 200 Meter weit voneinander entfernt. Das Auto versteckten wir bei der jüngeren Schwester in der Garage, mein Vater blieb bei ihr; bei meiner älteren Tante versteckte sich meine Mutter mit uns Kindern. Der Grund dafür war nicht Platzmangel, sondern wirklich Angst: Wenn mein Vater erwischt wurde, sollte nicht die ganze Familie verhaftet werden. Wir blieben dort einige Wochen, und wir konnten unseren Eltern die Sorgen regelrecht vom Gesicht ablesen. Tagsüber kam die Familie bei der älteren Schwester zusammen, beratschlagte, aber wir kamen zu keiner vernünftigen Lösung. Und eines Abends, als es später geworden war als sonst, bestand meine ältere Tante darauf, dass mein Vater die Nacht diesmal bei uns verbrachte. Das hat ihm vermutlich das Leben gerettet.

An nächsten Morgen klingelte es an der Tür. Die jüngere Tante stand draußen, völlig abgehetzt. Sie berichtete, dass die Revolutions-

Wafa, Omid, Mama und Babba (v. l.) in Teheran: Babbas Mafiabrille, Mamas Beehive und ihr Babybauch verweisen ziemlich eindeutig auf das Jahr 1970.

wächter gerade ihr Haus durchsuchten. Das Problem war, dass wir nicht fliehen konnten: Das Auto war schließlich in dem Haus, das gerade durchsucht wurde. Wir setzten uns nervös in einem Hinterzimmer zusammen, völlig verängstigt. Und wir hatten Glück. Der Anführer des Durchsuchungstrupps war Medizinstudent an der Universität. Und der Mann der jüngeren Tante war einer seiner Dozenten gewesen. Das Haus seines Professors zu durchsuchen war ihm erkennbar unangenehm. Entsprechend oberflächlich hat er das Haus durchsucht, um möglichst schnell wieder rauszukommen – sonst hätte er vermutlich auch die Garage und unser Auto entdeckt. Die Tür zur Garage befand sich nämlich in einer Ecke der Küche direkt neben der Küchentür zur Wohnung. Und wenn man hier die Tür öffnete und mit der Klinke in der Hand in die Küche guckte, dann verdeckte man mit der geöffneten Tür den Eingang zur Garage.

Später erfuhren wir, dass die Durchsuchung keine Routineangelegenheit gewesen war. Die hatten nicht sämtliche Häuser durchsucht, die waren gezielt gekommen. Den Tipp hatte ihnen ein Verwandter von uns gegeben. Und daher wussten die Revolutionäre, dass es nicht nur eine Tante gab, bei der die Familie Amin möglicherweise versteckt sein konnte, sondern noch eine zweite. Also kamen sie auch in unser Haus. Wir hielten den Atem an.

Was uns hier rettete, war die tiefe Religiosität meiner Tante und ihres Mannes, eines bekannten Theologieprofessors. Er war als ehrenwerter Mann hoch angesehen und konnte das nutzen. Er hat die Truppe aus religiösen Fanatikern und Studenten mit seiner Autorität nach allen Regeln der Kunst zusammengestaucht, bis sie sich tatsächlich entschuldigten und abzogen. Noch in derselben Nacht fuhr mein Onkel unseren Wagen aus der Garage in den Innenhof des Theologen. Dort kletterten wir ins Auto und fuhren wieder zurück nach Teheran. Dort, in einer größeren Stadt, in der nicht jeder jeden kannte, schien es uns letztlich doch sicherer.

Dort haben wir uns weiter versteckt, bis eines Tages eine Amnestie verkündet wurde. Jeder, der für den Schah gearbeitet hatte und sich freiwillig meldete, würde eine ruhige, faire Untersuchung erhalten. Und wenn er sich nichts Nennenswertes zuschulden hatte kommen lassen, würde er straffrei ausgehen. Wir waren mit den Nerven am Ende, und mein Vater beschloss, sich zu stellen. Das hat er dann auch getan. Er wurde daraufhin in einer Art Internierungsgefängnis eingesperrt. Und nach drei Tagen ließ man ihn frei und sagte ihm, dass damit alles in Ordnung wäre. Wir waren unglaublich erleichtert, aber zugleich trotzdem misstrauisch. Es war ja noch alles vollkommen chaotisch. Irgendjemand konnte schließlich noch immer meinen Vater verhaften. Und wer konnte sicher sein, dass sie ihn nicht irrtümlich erschossen, noch bevor er belegen konnte, dass eine Untersuchung ihn längst von aller Schuld freigesprochen hatte? Also beschlossen wir, vorsichtshalber noch nicht in unsere Wohnung zurückzukehren. Wir wohnten bei unserer Oma, der Mutter meines Vaters oder auch bei seiner Schwester. Nur wir Kinder sollten einstweilen wieder in die Schule gehen. Das schien ungefährlich. Außerdem befürchteten meine Eltern, wir würden sonst zu viel vom Unterricht verpassen.

Also fuhren wir am nächsten Tag zur Schule und gingen in unsere Klassen. Bei mir lief alles normal ab, aber nicht bei Wafa. Sein Lehrer kam in die Klasse, sah ihn und wurde bleich. Er fragte Wafa fassungslos: »Was machst du hier?«

»Ich geh in die Schule«, sagte Wafa.

»Du darfst doch gar nicht in die Schule«, sagte der Lehrer. »Du

Die Viererbande von Teheran: Omid, ich, Wafa und unser Cousin Shahin (v. l.) auf dem Balkon unserer Wohnung (1974).

hast doch diese Krankheit. Die ist noch ansteckend. So geht das nicht, du musst sofort nach Hause! Und du kommst mir nicht eher wieder in die Klasse, bis du ein Attest vom Arzt dabei hast.«

Wafa verstand nur noch Bahnhof. Aber der Lehrer beorderte ihn sofort raus vor die Tür. Und vor der Klasse fragte er ihn leise: »Bist du verrückt? Was machst du hier? Die suchen euch überall!«

Wafa winkte nur ab und sagte: »Jaja, das ist schon in Ordnung. Mein Vater war vor zwei Wochen bei dieser Untersuchungskommission. Und die haben gesagt, dass er nichts befürchten muss und nicht mehr gesucht wird. Da müssen Sie sich nichts mehr dabei denken, das ist Schnee von gestern.«

»Von wegen Schnee von gestern«, sagte der Lehrer, »ich erzähl dir hier keine Uraltgeschichten. Die waren erst vor zwei Tagen hier und haben nach euch gefragt!«

Wafa war geschockt. Das konnte, das durfte doch gar nicht wahr sein. Wieso wurden wir trotzdem noch gesucht?

Der Lehrer nahm die Sache sofort in die Hand: »Ist dein Bruder auch da? In welcher Klasse sitzt der?« Und als er den Namen meiner Lehrerin hörte, wurde er noch blasser – denn die war von der revolutionsbegeisterten Sorte.

Er nahm Wafa an der Hand, lief mit ihm zu meiner Klasse und hatte Glück: Meine Lehrerin war noch nicht da, und er konnte mich hastig aus dem Klassenraum holen. Dann schleppte er uns beide zur Schuldirektorin, die aus allen Wolken fiel und uns eine richtige Standpauke hielt: Ob wir noch alle Tassen im Schrank hätten, ob unsere Eltern noch gesund im Kopf seien und dass es Wahnsinn sei, hier in der Schule zu bleiben – und dann wollte sie wissen, wer uns auf der Stelle abholen und in Sicherheit bringen könnte.

Uns fiel niemand ein. Früher hatten wir in der Nähe der Schule gelebt, aber inzwischen waren alle unsere Verstecke weiter weg, mindestens eine Stunde zu Fuß, schätzungsweise zehn Kilometer. Nur unsere Großeltern waren noch etwas näher. Also holte die Direktorin eine Aufsichtslehrerin ihres Vertrauens, beauftragte sie, uns aus dem Schulgebäude zu bringen und dann heimgehen zu lassen. Tatsächlich hat sie uns aus dem Gebäude und zwei Ecken weiter gebracht, bis wir von der Schule aus nicht mehr zu sehen waren. Und dann standen wir allein da.

Wir liefen ängstlich zu den Großeltern, die meine Eltern alarmierten. Und ab da stand für die Familie fest: Wir mussten das Land endgültig verlassen.

The Making of: das Model

Ein Model auf die Erfolgsspur zu bringen, ist harte Arbeit. Wenn ein namhafter Designer es entdeckt hat, ist alles einfacher – aber was tut man, wenn das nicht der Fall ist? Üblicherweise beginnt man mit simplen Polaroids, ganz natürlich, ganz schlicht. Und die schickt man dann per E-Mail herum. An die Topfotografen, an die wichtigsten Redakteure der wichtigsten Zeitschriften der Welt. Und man hofft, dass einer von ihnen anbeißt und sagt: »Die sieht interessant aus, wir möchten mit ihr arbeiten.«

Der Erfolg ist abhängig vom Ansehen der Agentur. Bei »Frankfurt One« hätte ich damals nicht allzu viel von so einer Aktion erwarten dürfen, aber wenn im Absender »IMG« stand, dann ist das natürlich was anderes und ich konnte damit rechnen, dass die Adressaten die Bilder entsprechend aufmerksam ansehen werden. Die Erfolgschance ist – wenn man es gut und richtig macht – etwa 1 : 10. Und damit sie so bleibt, muss man genau auf die Auswahl der Models achten. Denn auch die Aufmerksamkeit der Adressaten bleibt nur erhalten, wenn die Trefferquote hoch bleibt, wenn sie immer wieder mit interessanten Entdeckungen rechnen können.

Für die übrigen neun von zehn Models braucht man mehr Geduld. Man schickt sie etwa dann zu den Castings der großen Modenschauen. Man hofft, dass sie dort mehr Erfolg haben werden. Weil andere Typen gefragt sind, weil sie dort nicht unbeweglich auf dem Foto zu sehen sind, sondern live, in Bewegung. Das Enttäuschende dabei ist, dass man es auch nach Jahren im Geschäft nicht gleich einschätzen kann, wer sich wo durchsetzt. Es gibt Models, an die man nicht glaubt, die man aber im Portfolio hat, weil jemand anderes im Laden Potenzial in ihnen sieht. Man schickt sie eher skeptisch zu Castings und plötzlich starten sie derart durch, dass man mit den Ohren im Fahrtwind schlackert. Und umgekehrt gibt es Models, die nach allen Gesetzen der Branche abgehen müssten wie die Post – aber es zündet und zündet nicht. Da sitzt man dann am Ende der Modewoche da und hat sie zweimal an den Mann gebracht und das war's dann. Und man kann manchmal nur daneben stehen und mit dem Kopf schütteln. Mit der Zeit werden diese Erlebnisse seltener, aber sie kamen auch in meinen letzten Jahren bei »IMG« immer noch vor.

Tatsächlich ist Erfolg auch nicht nur eine Sache der Optik, sondern ganz entscheidend auch des Charakters. Außenstehende unterschätzen das leicht, aber ein erfolgreiches Model muss mehr haben als nur eine gute Figur oder ein schönes Gesicht. Es braucht eine interessante, vielleicht sogar geheimnisvolle Zutat. Diese Zutat benötigen sogar vielleicht noch nicht mal die Kunden selbst, als vielmehr die Kreativen, die Fotografen, die Stylisten, die Redakteure, die sich selbst ja auch immer in einem gewissen Sinne als Künstler betrachten und gerne mit ihresgleichen arbeiten möchten. Es ist nicht so, dass das Model dringend mit ihnen über die Bilder reden sollte oder muss; aber Kunst, Musik, Esoterik, Umweltschutz, solche Themen finden die Kreativen ihrerseits anregend. Sie suchen nach Input, nach Inspiration. Im Grunde ist es der Unterschied zwischen einem Kieselstein und einer Kugel grauem Knetgummi. Rund sind sie beide, aber der Knetgummi bietet soo viel mehr Möglichkeiten. Das beste Beispiel hierfür ist Sasha Pivovarova.

Sie fiel mir sofort auf, weil sie überall, wo sie geht und steht, einen Block und einen Stift dabeihat. Und wann immer sich die Gelegenheit bietet, greift sie zum Stift und zeichnet. Sie saß bei Castings bei Kunden im Flur, wartete auf ihren Termin und zeichnete. Sie sitzt bei Shootings, während alle um sie herum das Set vorbereiten, und zeichnet. Die Menschen kriegen das mit, das bleibt in den Köpfen hängen, das spricht sich herum. Anfangs fand ich das noch ein wenig albern und gekünstelt. Ich sah sie bei uns in der Agentur in der Küche sitzen und zeichnen und dachte, das wäre nur Show, um sich wichtigzumachen, aber ich lag komplett daneben. Ihre Leidenschaft ist absolut echt. Und genauso wie bei mir hat sich auch bei anderen der Eindruck geändert: Erst war sie bestimmt bei vielen die Merkwürdige, die im Flur sitzt und malt. Aber nach dem dritten Termin gewöhnen sich die Leute daran, und selbst wenn sie es auch weiterhin seltsam finden sollten, ist es doch in jedem Fall interessanter als der Eindruck von einer Konkurrentin, die im Treppenhaus steht und raucht wie ein Schlot. Und weil nichts, was man lange übt, vergeblich ist, hat sie sich inzwischen tatsächlich auch zu einer brillanten Zeichnerin entwickelt, die Ausstellungen in Galerien hatte und ihr erstes Buch plant. Und zuletzt fand ich ihr Zeichnen immer angenehmer und beruhigender: In der stressigsten Zeit der Modewoche, als alle sich nur noch anschrien und das Adrenalin bis in die Haarspitze schoss, saß Sasha immer seelenruhig in unserer Küche, breitete ihre Skizzen aus, komplett versunken in die Welt ihrer wunderschön surrealen Figuren.

Der beste Charakter bringt hingegen nichts, wenn niemand etwas davon mitbekommt. Deshalb ist das Networking, die Selbstpromotion extrem wichtig. Das darf man aber nicht als Einladung zur Dauerparty missverstehen. Es gilt stattdessen, sich bei großen Events sehen zu lassen. Buchautoren und Verleger gehen zu den Buchmessen nach Frankfurt oder Leipzig. Models müssen zu den Modewochen, und selbst, wenn sie nicht im Einsatz sind, sollten sie dort zu den Partys der Großen, zu »Dior«, zu »Givenchy«, zu Karl Lagerfeld, gehen. Das sind nicht notwendigerweise Partys im herkömmlichen Sinne, Karl Lagerfeld veranstaltet auch mal ein Abendessen zugunsten einer wohltätigen Einrichtung. Und dorthin kommt man am besten durch Vermittlung des Agenten.

Denn zu diesen Partys laden die Designer natürlich nur die Topmodels ein – über deren Agenturen. Und wenn eines dieser Models verhindert ist, sagt ein cleverer Agent selbstverständlich nicht ab, sondern er ruft an und sagt: »Gisele Bündchen kann heute Abend nicht kommen – macht es euch was aus, wenn ich stattdessen ein New Face schicke?« Und ein guter Agent macht das von selbst, denn ihm ist ja ebenfalls an der Aufwertung seiner Models gelegen.

Aber manchmal kommt man einfach nicht weiter. Und das kann auch am Model selbst liegen. Ich erinnere mich an Angelika W., ein polnisches Model, das sensationell aussah und noch immer sensationell aussieht, mit sagenhaftem Ehrgeiz, vorbildlichem Einsatz, das aber trotzdem weder den großen Sprung zur Karriere noch wenigstens einen mittleren zum Karrierchen hinkriegte. Irgendwann nahm ich sie zur Seite und sagte ihr, sie möge doch um Gottes willen endlich diesen Oma-Look ablegen. Das ist eine Besonderheit polnischer Models, die ich nicht erklären kann, aber häufig beobachte: Sie haben manchmal wenig Gespür für Mode und Design, und sie laufen irgendwie trutschig-tantig durch die Gegend, grau-schwarz-hochgeschlossen. Da schläft der Kunde leicht mal ein, sobald sie zur Tür reinkommen. Es tut einem manchmal in der Seele weh, wie der Look das Potenzial verschleiert. Sie nahm sich den Rat zu Herzen und von da an ging es zusehends aufwärts.

Manchmal greift einem auch das Glück unter die Arme. Zum Beispiel wenn ein Star plötzlich aus unerfindlichen Gründen einen Narren an einem unbekannten Model gefressen hat. Wenn ein Jean-Paul Gaultier sich in ein No-Name-Gesicht verguckt. Wenn ein Chefredakteur sich auf einmal als Entdecker gefällt und ein New Face pusht, prominent einsetzt, fördert. Das ist der direkteste Weg zur Karriere – aber auch der unplanbarste. Und wenn auch derlei nichts hilft, dann müssen Sie sich irgendwann eingestehen, dass Sie es nicht geschafft haben. Es ist nicht möglich, jedem Model den Durchbruch zu ermöglichen. Und dann trennt man sich. Sie versuchen Ihr Glück mit anderen Models, das Model mit einer anderen Agentur. Und wer weiß – vielleicht klappt's dann doch noch.

Auf der Flucht

Aufgrund der schlechten Nachrichten aus der Schule waren meine Eltern völlig am Ende. Tatsächlich hatten die Fahndungen und Verfolgungen anderswo wieder angefangen. Mein Vater hatte mitbekommen, dass sie einen Kollegen von ihm, der sich ebenfalls der Untersuchungskommission gestellt hatte und freigesprochen worden war, inzwischen abgeholt, abgeurteilt und erschossen hatten. Das ließ nichts Gutes erwarten. Denn die Vorgehensweise sprach nicht für geistige Umnachtung der Fahnder, sondern für eine Säuberung, die so planmäßig ablief wie nach vielen Revolutionen in vielen Ländern und Diktaturen: Man verbreitet Schrecken, um zu erwischen, wen man bekommen kann. Dann bietet man so etwas wie ein Entgegenkommen an, tut so, als hätte sich die Lage beruhigt und zeigt sich gesprächsbereit. Tatsächlich kommen viele Flüchtlinge aus ihren Verstecken, weil sie völlig geschafft sind und nichts lieber möchten, als einfach nur ein ganz normales Leben ohne Angst zu führen. Bei diesen Gesprächen sammelt das Regime aber nur Informationen: Wie viele Familienmitglieder gibt es, wer ist noch alles im Lande, wer ist schon geflohen, wer wusste was von wem? Und am Ende dieser scheinbaren Ruhephase hat man eine sorgfältig recherchierte Aufstellung der Menschen, die jetzt noch im Land sind und die man sozusagen nur noch einen nach dem anderen einsammeln muss.

Unser Fazit: Wir mussten weg, und das so schnell wie nur irgend möglich.

Wir gingen systematisch vor. Unser Vater war der bekannteste Kopf, nach ihm würden sie am dringlichsten suchen. Also beschloss er, sich von uns zu trennen. Mit ihm war die Wahrscheinlichkeit groß, dass die Aufmerksamkeit auf die ganze Familie gelenkt würde, wenn er nicht dabei war, konnten wir vielleicht unbemerkt außer Landes gelangen. Unser Vater wollte als Erster versuchen zu fliehen. Zusammen mit einem Onkel, einem ehemaligen Senator von Aserbaidschan, sollte die Flucht über das Kurdengebiet an der Grenze zur Türkei vonstattengehen. Und es gelang tatsächlich. Man kann sich das heute kaum vorstellen, aber die Flucht lief ab wie in einem alten Agentenfilm. Mit viel Schmiergeld für die Kurden, mit zahlreichen Aufbrüchen bei Nacht und Nebel über die Berge, zu Fuß oder auf einem Esel und mit der ständigen Furcht im Nacken, an die Revolutionswächter verraten zu werden. Wir blieben zurück und hörten lange nichts von ihm.

Nach einigen Wochen gab es ein Lebenszeichen. Er hatte es geschafft, sich nach Istanbul durchzuschlagen. Und von dort hatte er es bewerkstelligt, nach Deutschland auszureisen und bei Verwandten von uns unterzukommen. Nun war die Reihe an uns. In unserem Teheraner Versteck setzte sich der große Familienrat zusammen und diskutierte. Die meisten waren dafür, dass wir zunächst unauffällig im Iran bleiben sollten. Andere sagten, das hätte keinen Zweck, weil mein Vater nie wieder einreisen dürfte und wir ihn so nicht mehr sehen könnten. Das gab dann den Ausschlag – wir wollten zu ihm. Es blieb nur noch die Frage: Wie? Der Fluchtweg meines Vaters war ausgeschlossen, mit drei kleinen Kindern kann man diese Gewaltmärsche und Bergrouten kaum durchstehen. Zudem war es auch eine Geldfrage. Die Fluchthelfer an den Grenzen nahmen richtig viel Geld, sie hatten genug Kundschaft, und wenn sie einen gut bezahlenden Kunden hätten, würden sie in jedem Fall auf uns verzichten – drei Kinder, von denen eines auch noch behindert ist, wirken nicht berechenbar. Vielleicht schreit eines, oder läuft im falschen Moment davon oder sagt den falschen Leuten was Dummes. Um über die Kurdengrenze zu fliehen, hätten wir ein Vermögen gebraucht. Diese Option schied aus – wir mussten es auf dem herkömmlichen Weg versuchen, mit dem Flugzeug.

Natürlich wurden die Flughäfen damals streng bewacht. Und überall lagen Listen aus, auf denen die gesuchten Personen verzeichnet waren. Wir mussten also zuerst herausbekommen, ob wir auf einer dieser Listen standen. Wenn nicht, konnte man den Flug vielleicht riskieren. Die Listen waren endlos, sie waren riesig lang und wurden ständig aktualisiert. Weil sie jedoch an sehr vielen Kontrollpunkten vorhanden waren, waren sie nicht besonders geheim: Irgendjemand kannte immer irgendjemanden, der einen Blick in diese Listen werfen konnte. Sie durften nur nicht zu alt sein, denn weil die Listen dauernd aktualisiert wurden, war die Auskunft nur eine Momentaufnahme, und ob man nicht doch noch in die Listen aufgenommen wurde, konnte sich jederzeit ändern. Tatsächlich bekamen wir die Auskunft, dass unsere Namen noch nicht gesucht wurden. Und wir beschlossen, das Restrisiko auf uns zu nehmen. Zwei Tage später hatten wir die Flugtickets in den Händen. Zwei Tage, in denen unsere Namen hoffentlich noch nicht auf die Liste gesetzt worden waren. Jetzt mussten wir nur noch meinen Bruder Omid holen.

Omid war in einem Internat untergebracht, einer Art Tagesstätte, die aber im Wochenrhythmus lief. Unter der Woche war er dort, am Wochenende kam er zu uns nach Hause. An dem Tag, an dem unsere Eltern uns in die Schule hatten gehen lassen, aus der wir wieder zurückgeschickt worden waren, hatten sie auch Omid wieder zu seinem Internat gebracht. Seither hatte niemand es gewagt, ihn dort abzuholen. Und die Angst davor war riesig. Wenn die Revolutionswächter feststellten, dass wir nicht mehr in der Schule waren, konnten sie an den Fingern einer Hand abzählen, wo meine Eltern als Nächstes auftauchen würden: Bei ihrem letzten verbliebenen Kind, das sie noch nicht in Sicherheit hatten bringen können.

Natürlich hatte meine Mutter per Telefon längst im Internat nachgefragt, ob es möglich war, Omid einstweilen auch länger dort zu lassen und ob bereits jemand nach uns suchte. Die Auskunft war beruhigend, alles sei in Ordnung – aber wem konnte man trauen? Es war gut möglich, dass das Internat beobachtet wurde und dass es schon genügt hätte, dort aus dem Wagen zu steigen, um verhaftet zu werden.

Der Familienrat befand das Risiko als zu groß. Aber meine Mutter stellte sich stur: »Wir gehen alle oder wir gehen gar nicht.« Und als keiner von der Familie den Mumm aufbrachte, Omid abzuholen, machte sie sich selbst auf den Weg. Sie nahm Wafa und mich an die Hand, schob uns ins Auto und fuhr selbst hin. Es war unvernünftig. Es war riskant. Aber ich habe nie eine mutigere, entschlossenere Mutter erlebt als meine Mama.

Wir holten Omid ab und kehrten dann zurück in unsere eigene

Wohnung. Wenn wir uns endgültig aus dem Iran verabschieden würden, brauchten wir mehr Sachen als zum vorübergehenden Verstecken bei Verwandten. Wir brauchten noch einige Papiere und persönliche Gegenstände. Doch als die Nachbarn uns an der Haustür sahen, schlugen sie die Hände über dem Kopf zusammen. Es war für Wafa und mich das reinste Déjà-vu-Erlebnis: Was uns einfiele, fragten sie genauso entsetzt wie zuvor die Lehrer an unserer Schule, was wir hier suchen würden, die Revolutionswächter seien schon mehrfach hier gewesen, und sie würden garantiert auch weiterhin versuchen, uns hier zu erwischen. Wir stürzten entsprechend hastig in die Wohnung, wir packten, was man in fünf oder allenfalls zehn Minuten zusammenraffen konnte. Keine Spielsachen, nur das Nötigste. Und ich kann mich auch nicht erinnern, dass wir Kinder deswegen groß gequengelt hätten. Wir waren alle zu verängstigt.

Es war schließlich schon Juni; die Revolution hatte im Februar begonnen, wir waren inzwischen also seit vier Monaten unterwegs, stets in Angst. Und auch, wenn wir die ersten zwei Wochen vielleicht noch für ein großes Abenteuer gehalten hatten, in dem man an immer neuen Verstecken auf dem Fußboden schläft, war seit unserer Beinahe-Entdeckung in Täbris die Lust am Unbekannten der ständigen Beklemmung gewichen. Seit der Sache in unserer Schule war aus der Beklemmung auch für mich, der ich ja noch klein war, nackte Angst geworden. Es war nicht normal, dass man hastig von den Lehrern durch irgendwelche Seiteneingänge aus der Schule geschubst wurde. Wir waren alle am Ende: Körperlich, geistig, seelisch, wir waren müde und wollte nur noch einen sicheren Ort, von dem wir nicht schon zwei Tage später wieder weiterziehen müssten. Ich erinnere mich noch, dass meine Mutter mir sagte, wir führen jetzt nach

Deutschland in den Urlaub. Und dass Deutschland zwar verheißungsvoll klang, weiter weg als bisher, aber dass mir zugleich auch klar war, dass dieser Urlaub irgendwie beängstigend anders war als unsere bisherigen Ferien. Ich habe nicht weiter nachgefragt. Anfangs waren wir vielleicht noch neugierig gewesen, inzwischen waren wir alle zermürbt, und nicht mal wir Kinder haben noch viele Fragen gestellt. Wir packten unsere Koffer und warfen sie in den Kofferraum. Und dann verließen wir unser Zuhause für immer.

Am nächsten Morgen brachten Verwandte uns zum Flughafen. Wir verabschiedeten uns im Auto, dann stiegen wir aus, auf der Straßenseite gegenüber vom Terminal. Keiner von unseren Verwandten wagte es, uns in das Gebäude zu begleiten. Wir verabredeten, dass wir bei ihnen anrufen würden, sobald wir durch die Passkontrolle durchgekommen waren. Nervös begaben wir uns zum Abfertigungsschalter. Es schien alles glattzugehen. Niemand blickte merkwürdig, niemand zögerte beim Blick in unsere Ausweise, niemand schlug in irgendwelchen Listen nach. Es ging so glatt, dass meine Mutter sich nach der Kontrolle brav an der Schlange vor einem Münztelefon anstellte, um den versprochenen Anruf zu tätigen. Aber Wafa zog sie weiter. Die paar Stunden, meinte er, könnten die Verwandten auch noch abwarten. Und dann stiegen wir ins Flugzeug. Eine Alitalia-Maschine, Wafa erinnert sich noch an die Zwischenlandung in Rom.

Am 05. Juni 1978 landeten wir in Deutschland.

Einen Tag nach dem Geburtstag meiner Mutter.

Meine Eltern haben den Abschied nie wirklich verwunden. Sie sind heute noch verbittert deswegen. Man könnte denken, dass ihnen vor allem das ordentliche Leben fehlt, das klein bisschen Prestige, das sie sich unter dem Schah erarbeitet hatten, aber das ist es nicht. Sie vermissen die Heimat, sie trauern ihr nach, und sie verfluchen die Mullahs jeden Tag aufs Neue. Aber sie freuen sich natürlich noch immer über die Rettung ihrer Familie.

Und sie haben noch heute das Ticket, mit dem wir nach Deutschland in Sicherheit flogen.

Ein neues Jahr

Ich bin Deutscher. Ich bin ein Kind aus Frankfurt. Bei Länderspielen fiebere ich mit Ballack und Klose. Gut, ich habe auch die persische Staatsangehörigkeit, aber das erst, seit die doppelte Staatsbürgerschaft erlaubt wurde. Babba, meinem Vater, war es wichtig, dass wir neben dem deutschen Pass auch den iranischen beantragten, und dabei war es ihm dann auch egal, ob ihm die Regierung gerade passt oder nicht. Seither bin ich auch noch Iraner. Aber außer meinem Pass ist da, ehrlich gesagt, nicht viel Persisches an mir zu finden. Meinem Vater wäre mehr davon sicher lieber. Er ist noch ein Perser vom alten Schlag.

Mein Vater ist stolz auf unsere jahrtausendealte Geschichte. Das ist für Nichtperser nicht immer leicht zu verstehen, in Deutschland sowieso, weil hier die jüngere Vergangenheit den Umgang mit der eigenen Geschichte verständlicherweise kompliziert. Als Iraner hat man diese Schwierigkeiten nicht. Mein Vater kann die persischen Könige aufzählen wie andere die deutsche Fußballnationalmannschaft von 1974, und wenn man nicht aufpasst, tut er es auch – also, wenn Sie ihn darauf ansprechen, bringen Sie besser ein bisschen Zeit mit. Und er hat ja auch durchaus Recht: Es gibt in der persischen

Geschichte viel Bemerkenswertes. Die Perser waren schließlich mal so etwas wie die Amerikaner heute. Wie die Engländer im 19. Jahrhundert. Die Spanier im 17. Jahrhundert. Wie die Römer um die vorletzte Jahrtausendwende. Wie die Griechen unter Alexander dem Großen. Nur waren die Perser das alles etwas früher. Und mein Vater würde selbstverständlich beschwören: besser. Da ist vielleicht sogar was dran, weil die Perser, wenn ich richtig informiert bin, nicht versucht haben, aus allen Völkern, über die sie herrschten, ebenfalls Perser zu machen. Die Perser waren eine Supermacht, und dabei geht es viel weniger um Macht, als darum, dass es natürlich auch irgendwie cool ist und Selbstbewusstsein gibt, da muss man sich ja nur mal mit einem Amerikaner unterhalten. Oder, um es in die Sprache der Mode zu übersetzen: Es ist halt etwas anderes, ob man ein Kostüm von Prada trägt oder von Zara. Das kommt einem zwar manchmal albern vor, aber so ist es einfach. Für meinen Vater wenigstens, an mir hingegen findet man relativ wenig Persisches. Höchstens zum Frühlingsbeginn – da feiern wir Neujahr.

Norus, so heißt das Fest auf Persisch, hat nichts mit dem Islam zu tun, es ist nicht religiös, aber es ist das größte Fest in unserem Kalender, und wenn's nur nach der Tradition geht, ist es sogar traditionsreicher als Ostern und Weihnachten. Mein Vater schwört, es würde seit 3000 Jahren begangen. Ob es genau 3000 Jahre sind, weiß ich nicht, aber schon im alten Persien, 800 Jahre vor Christus, hat man den Jahresanfang auf diesen Zeitpunkt der Tag-und-Nacht-Gleiche gelegt, unseren heutigen Frühlingsanfang, den 21. März. Das macht es auch für uns leichter zu feiern

An diesem Tag kommt bei uns immer die ganze Familie zusammen, wenn es irgendwie möglich ist. Ich habe nur dreimal das Fest verpasst, jedes Mal war ich wegen *Germany's Next Topmodel* in einem anderen Teil der Welt – so spannend das war, so schade war es, nicht zu Hause bei meiner Familie sein zu können. 2010 könnte es mit etwas Glück erstmals wieder klappen. Wenn wir dann zu Hause eintreffen, ist alles schon vorbereitet. Seit einer Woche hat meine Mutter den *Haft-Sin* geschmückt, einen Tisch, der in seiner festlichen Funktion ein bisschen so was ist wie Adventskalender und Weihnachtsbaum in einem. Sieben Tage vor dem Fest wird er aufgestellt, und der Name sagt schon, was darauf stehen muss: »Sieben Worte«, also sieben Gegenstände, die symbolisch für Wünsche an das neue Jahr stehen, und die in unserer Sprache alle mit »Sin« beginnen, dem persischen »S«.

Diese Gegenstände müssen sich nicht alle schon sieben Tage vorher auf dem Tisch befinden; sie können auch nach und nach auf den Tisch wandern, nur zum Festtag müssen sie unbedingt komplett sein. Welche sieben Gegenstände das sind, ist von Region zu Region unterschiedlich; bei uns sind es ein Apfel, eine Flasche mit Essig, einige Goldmünzen, zwei Goldfische im Glas, Dill, Knoblauch und Blumen. Sie alle haben ihre besondere Bedeutung: So steht der Apfel für Gesundheit, der Knoblauch für Schutz, der Essig für Fröhlichkeit und der Goldfisch für Glück. Was übrigens mittlerweile auch für die Goldfische selbst gilt, denn mein Vater hat vor einigen Jahren ein Aquarium gekauft. Das Ergebnis ist eine deutliche Verbesserung für den Fisch, muss ich sagen, denn das Schicksal persischer Festgoldfische ist im Allgemeinen dem des traditionellen deutschen Weihnachtsbaums nicht unähnlich. Irgendwann fängt der Baum an zu nadeln und dann muss er weg, naja, und der Goldfisch, der wird ehrlich gesagt in manchen Familien nicht viel besser behandelt. Das fällt einem anfangs nicht so auf, weil's schon immer so war und die anderen Leute es schließlich genauso machen, aber wenn man größer wird und in Deutschland aufwächst, dann denkt man sich schon langsam, dass das wahrscheinlich doch sehr unschön für die Goldfische sein dürfte. Ich weiß nicht genau, wann auch mein Vater begann, das so zu sehen, aber jedenfalls ist seit der Anschaffung des Aquariums die weitere Unterbringung und ein zufriedenes Leben der Goldfische gesichert. Was im Grunde auch wieder nicht anders ist als bei Weihnachtsbäumen, die viele Leute heute ja auch nicht mehr abhacken, sondern im Blumentopf eingepflanzt rein und raus transportieren.

Wenn wir, mein Bruder Wafa und ich, bei meinen Eltern eintreffen, ist das Haus meist schon picobello sauber. Früher, als wir noch zu Hause wohnten, haben wir dabei geholfen, heute hoffe ich, dass meine Mutter nicht die ganze Woche putzt, sondern sich dazu Hilfe holt. Der Gedanke dahinter ist, dass das Haus das ganze Jahr über in dem Zustand bleiben möge, in dem es zum Zeitpunkt des Fests ist. Ein frommer Wunsch, zugegeben, aber vielleicht ist was Wahres dran: Wir haben *Norus* noch nie bei mir gefeiert, und ich brauche einmal pro Woche eine Putzfrau. Ob sich das mit einer Feier bei mir ändern würde, werde ich wohl noch einige Zeit lang nicht rauskriegen, denn der Brauch will, dass die jüngeren Familienmitglieder zu den älteren fahren. Also Wafa und ich fahren zu meinen Eltern, nicht umgekehrt.

Der Zeitpunkt, zu dem man sich dann zusammensetzt, verschiebt sich jedes Jahr um sechs Stunden. Das bedeutet, dass wir je nach Jahr frühmorgens, mittags, nachmittags oder auch spätabends beieinandersitzen. Wir haben uns alle festlich angezogen, und auf dem Tisch steht das traditionelle Essen bereit: Dünnes Fladenbrot, Schafskäse,

Radieschen, Kräuter – und wir warten auf die exakte Stunde des Neujahrsbeginns, zu der wir uns alle umarmen und Glück wünschen. Dann füllt Babba, mein Vater, als das Familienoberhaupt ein Fladenbrot, rollt es zusammen und geht damit vor die Türe. Er klingelt an der Tür, und meine Mutter lässt ihn herein. Ich liebe diesen Brauch, er gehört einfach dazu. Ich kann's kaum erklären, es ist wahrscheinlich etwa so, wie wenn Sie sich um Ihren Weihnachtsbaum versammeln, das hat so etwas Friedliches, das strahlt so eine Geborgenheit aus, für einen Moment kann da im Leben durcheinander sein, was will, hier ist alles in Ordnung. Mein Vater kommt mit seinem gefüllten Brotröllchen zu uns an den Tisch und dann wird es unter allen aufgeteilt. Nur Omid ist ein wenig genervt, weil er keine Lust hat auf Radieschen mit Schafskäse, sondern eigentlich lieber einen Hamburger möchte. Aber da wird er wohl noch ein paar Hundert Jahre warten müssen, bis *Norus* mit Hamburgern gefeiert wird.

Sobald wir uns alle gratuliert haben, beginnt eine richtige Telefonorgie. Denn dann muss man allen Verwandten in aller Welt gratulieren. Meine beiden Tanten im Iran, meinem Cousin in New York, meiner Cousine in Washington. Und weil sämtliche Verwandten überall auf der Welt dasselbe versuchen, ist man damit erstmal eine schöne Zeit lang beschäftigt, vor allem schon deshalb, weil die Anschlüsse der meisten Verwandten besetzt sind, schließlich telefonieren die auch quer durch die ganze Welt. Ich weiß ehrlich gesagt nicht mehr, wie das vor der Erfindung der Handys funktioniert hat, als alle Familien nur einen Telefonanschluss hatten. Wenn ich mir das heute vorstelle, müssen wir zum Abwickeln aller Telefonate ungefähr eine Woche gebraucht haben, aber mysteriöserweise hat's damals auch ganz gut geklappt. Das Wunder von *Norus*, vermutlich.

Zwischendrin gibt's was zu essen, meine Mutter macht traditionell Kräuterreis mit Fisch, ein paniertes Rotbarschfilet mit Zitrone. Was das Richtige ist, wenn man den Bauch voller Plätzchen hat, denn die backen wir für das Fest genauso wie andere Familien zu Weihnachten.

Und während man auf das Freiwerden der besetzten Telefonanschlüsse wartet, gibt es Geschenke, die Phase, bei der ich schon immer prima dastand. Denn so wie der Brauch verlangt, dass jeweils der Jüngere zum Älteren geht, verlangt er auch, dass die Älteren die Jüngeren beschenken. Und als jüngstem Kind der Familie war das für mich natürlich schon immer ein Superdeal. Wenn man es ganz traditionell durchzieht, dann müsste eigentlich auch Wafa mich beschenken und Omid uns beide, aber inzwischen hat sich das Ganze eher so eingebürgert, dass die Eltern ihre Kinder beschenken. Und mittlerweile schenken wir auch ein bisschen zurück.

Ich liebe *Norus*, ich liebe den Brauch, und ich weiß: Eines Tages möchte ich mit meiner Familie mein eigenes Fest feiern. Ich möchte mit meinen Kindern und meiner Frau um den *Haft-Sin* sitzen, dann falte ich ein gefülltes Fladenbrot, ich gehe damit vor die Tür und führe die Tradition fort, die Tradition unserer Familie, unseres Landes.

Und meine zukünftige Frau lässt mich dann hoffentlich wieder rein.

Endlich zu Hause

Eigentlich wollten wir gar nicht nach Deutschland. Eigentlich wollten wir in die Vereinigten Staaten. Mein Vater hatte sich das schön gemütlich ausgeknobelt: Als Beamter konnte man auch im Iran manches, was man als Angestellter nicht kann, zum Beispiel früher in Pension gehen. Mein Vater kam so langsam ins passende Alter, und nachdem er kein Beamter aus Leidenschaft war, hatte er sich seine Frührente ausgerechnet. Die war ganz erfreulich, und sein Ziel war, mit diesem Geld auszuwandern und in den USA zu leben, auch, weil man ja schon vor der Revolution hatte absehen können, dass die Zeiten im Land irgendwie unruhig würden. Und natürlich hätte seine Rente nicht ausgereicht, um uns alle zu finanzieren, aber man hätte ein kleines Geschäft aufmachen können, einen Laden, irgendwas – man sieht deutlich, dass mein Vater an seinem Beamtenjob wirklich nicht sehr hing.

Der Vorteil war, dass wir bereits Pässe hatten und ein gültiges Visum. Damals war ein Pass ja nicht Standard, man brauchte ihn nur für Reisen ins Ausland, und wer die nicht plante, ließ ihn sich auch nicht ausstellen. Das war in Deutschland damals auch nicht anders, der Personalausweis reichte schließlich für Reisen innerhalb Europas.

Insofern hätte mein Vater aus Istanbul auch gleich nach Amerika weiterreisen können. Aber durch die teure Flucht reichte das Geld dazu nicht. Außerdem wollte er auf seine Familie warten. Also schloss er sich dem Onkel an, mit dem er geflohen war, und der fürs Erste bei unseren Verwandten in Deutschland unterkommen wollte.

Bis auch wir in Deutschland ankamen, hatte ihn die hier lebende Verwandtschaft überzeugt, dass Deutschland einfach die bessere Wahl wäre. Wafa war stinksauer. Er hatte schon die ganze Zeit wie verrückt Englisch gebüffelt. Und auch, wenn's ihm später sicher geholfen hat, hat er vermutlich deswegen ein gewisses Misstrauen gegenüber dem Lernen und der Schule behalten: Sie können dich vorbereiten, so gut sie wollen – aber sie können dich eben nicht darauf vorbereiten, dass alles anders kommt, als du geglaubt hast.

In Gießen wohnten wir zuerst in einer Pension, dann haben wir uns nach einer Wohnung umgesehen und zogen nach Reiskirchen. Für Wafa und mich war das Kapitel Iran weitgehend abgeschlossen, aber unsere Eltern knabberten heftig daran. Mein Vater hielt uns mit kleinen Jobs über Wasser. Und im September wurden wir eingeschult.

Ich stellte fest: In Deutschland gab es keine Schuluniformen. Ich erinnere mich noch, dass ich zu meiner ersten Klassenfahrt eine graue Bundfaltenhose anzog, dazu kombinierte ich ein rot-blaues Holzfällerhemd. Ich hatte eine superbrave Frisur, und die anderen rannten natürlich in Jeans herum. Es entsprach meiner Position, ich war Außenseiter, etwas eingeschüchtert, schon allein durch die Sprache gegenüber den anderen im Nachteil. Und ich bin es im ersten Jahr auch geblieben, ich saß vorwiegend einfach da und versuchte dem Unterricht zu folgen, zu verstehen, was da überhaupt vor sich ging. Im ersten Jahr habe ich eigentlich nur zugehört.

In Deutschland zu Hause: Wafa, Omid und ich (v. l.) mit Babba bei Reiskirchen.

Ich war ohnehin nie ein lautes Kind, ich war kein Radaubruder, kein Pausenclown. Ich habe leise angefangen, wie überall, wo ich hinkam. Ich habe beobachtet, wie der Laden läuft. Ich war nie jemand, der seine eigenen Regeln macht und durchsetzt. Und ich bin es heute noch nicht. Als ich im Modelbusiness anfing, habe ich es praktisch genauso gemacht wie damals in der ersten Schulklasse: aufpassen, zusehen, und zwar richtig. Viele Leute denken ja, sie würden beobachten, gucken sich aber einen Unsinn zusammen, dass es schlimmer nicht mehr geht, weil sie meinen, etwas verstehen müsse man vor allem schnell. Das ist Quatsch: Man braucht Geduld zum Beobachten und Begreifen. Es geht nicht darum, wer sich als Erster irgendwas zusammenreimt. Langfristig geht es darum, wer die Regeln am besten und vollständigsten begreift.

Vielleicht hängt das auch mit der Erziehung meines Vaters zusammen. Seine Standardstandpauke war eindeutig: »Ihr seid Iraner, also müsst ihr besser sein als die anderen.« Und da schwang verdammt viel mit: Zum einen eine Verpflichtung der Vergangenheit gegenüber – ein Iraner ist nicht faul, er trödelt nicht, er arbeitet mehr, er lernt mehr, weil das seit Tausenden von Jahren schon andere Iraner vor ihm gemacht haben. Also gewissermaßen so eine Art preußischer Geist, da sagt man dann ja »preußisch korrekt« oder so, wenn jemand ganz penibel, ganz ehrlich ist, ganz fleißig, absolut unbestechlich. Es schwang aber auch mit, dass wir hier eben nicht zu Hause waren: Wir würden immer nicht so ganz wie die Deutschen sein, also müssten wir uns anständig benehmen bzw. unser Anderssein durch mehr Leistung ausgleichen.

Bei Wafa waren die Folgen am deutlichsten zu bemerken. Im Iran war er immer ein eher durchschnittlicher Schüler gewesen, da stand die Versetzung schon in der dritten Klasse auf der Kippe. In Deutschland hingegen sammelte er vom Start weg gute Noten – auch wegen des Drucks, wegen des Drills, der anfänglichen Befürchtung, sich kein Versagen erlauben zu können. Man kann wohl sagen, dass er vor allem in der ersten Zeit nach der Flucht gelernt hat als ginge es um sein Leben. Als könnte er sich so neue Sicherheit anlernen. Und es hängt vermutlich auch damit zusammen, dass Wafa seither Nachrichten guckt und Zeitungen liest wie ein Wahnsinniger. Über Politik weiß er Bescheid wie kein Zweiter. Sie dürfen sich Wafa deswegen nicht als Paranoiker vorstellen, der verbunkert im Keller sitzt und mit einem Stahlhelm auf dem Kopf die *FAZ* liest und die *Tagesschau* guckt. Politik und Nachrichten sind sein Hobby geworden. Er hat die Jusos in Eschborn mitgegründet, immer mit einer ziemlich furchtbaren Baskenmütze auf dem Kopf. Inzwischen ist er ein richtiges Unionsmitglied geworden, für die Jusos von einst ein richtig nettes verkommenes Subjekt der Bourgeoisie, im sozialistischen Sinne absolut untragbar, aber ganz prima, um eine Flasche Wein mit ihm zu leeren, den FC Bayern zu bejubeln oder zu verfluchen. Und überhaupt mein bester und liebster und zuverlässigster Ratgeber in allen Lebenslagen.

Wir hatten uns gerade so richtig eingewöhnt, als uns unser unruhiges Heimatland wieder einholte. 1984 zog mein Cousin Shahin zu uns. Es war die Zeit des ersten Golfkriegs zwischen dem Iran und dem Irak. Der Iran war stark unter Druck geraten und daher immer auf der Suche nach neuen Soldaten. Und auch, wenn Shahin erst 14 war, war meine Tante nicht sicher, ob sie ihn womöglich einziehen würden. Also schickte sie Shahin zu uns in Sicherheit.

1990 machte er Abitur und ist dann nach München gezogen, um Zahnmedizin zu studieren. Als Shahins Aufenthaltserlaubnis ablief, zog er nach Amerika, kriegte eine Arbeitsstelle und blieb dort. Erst in Buffalo, dann in New York, dann in Ohio und nun wieder in New York mit seiner eigenen Praxis. Nicht alles im Leben läuft so ab, wie man es sich vorstellt, aber manchmal kommen wenigstens gute Dinge dabei heraus. Da muss mein Cousin sein Heimatland verlassen, um sein Leben zu retten – und letzten Endes wird sein Traum von New York wahr, und meiner von einer günstigen Schlafgelegenheit dort gleich dazu.

Ich habe mein Abitur wenige Jahre vorher abgelegt. Ich hatte mich nochmal richtig ins Zeug gelegt, als ich witterte, ich könnte eine Eins vor dem Komma erreichen. »Einser-Abi« klang für mich immer irgendwie gut. Und geschafft hab ich's dann auch, wenigstens auf dem Papier: Note 1,9 ist halt letzten Endes doch auch nur 'ne Zwei. Zur Feier des Tages habe ich bei der Abifete mit der Schulband »Don't Stand So Close To Me« von Police gesungen. Seitdem hat mich nie wieder jemand gebeten, zu singen. Und natürlich habe ich mir auch in der Schule die Anerkennung nicht ersungen. Ich habe sie mir erkickt. Über den Fußball.

The Making of: Beauty-OPs

Auf keine andere Szene aus *Germany's Next Topmodel* bin ich so oft angesprochen worden wie die mit Olivia Bermann. Wie Olivia im Bikini auf die Jury zuschlendert und ich sie nach ihrer Schlusspose direkt frage, ob da alles echt ist, was echt aussehen soll. Und wie sie dann sofort einräumt, dass da in den Körbchen ein Kunstbusen sitzt. Manche fragen mich, ob ich das einfach mal geraten habe. Und im Nachhinein muss ich sagen: So als Testfrage wäre das gar nicht mal schlecht, einfach nur, um zu sehen, wie die Kandidatin reagiert. Aber bei Olivia war nichts geraten. Ich sehe so was. Man muss dazu kein Genie sein.

Das Problem bei Schönheitsoperationen ist meistens nicht die Operation. Es ist der Rest des Körpers. Frauen sagen ja oft: »Ich bin im Großen und Ganzen mit mir zufrieden. Nur meine Brüste sind zu klein.« Oder: »Nur meine Nase ist zu groß.« Oder: »Nur mein Po ist zu üppig.« Ich denke, das ist in zweierlei Hinsicht nicht hilfreich: Erstens ist der Körper, alles zusammen genommen, meist schon ziemlich stimmig. Das sieht man beim superkritischen Blick in den Spiegel vielleicht nicht so, aber Sie können es ruhig glauben: In 99 Prozent der Fälle passt der Busen ganz gut zum Rest des Körpers.

Niemand ist dünn wie ein Strich und hat dazu einen Po wie ein Brauereipferd. Die Natur betont manches ein wenig eigenwillig, das gebe ich zu, aber so richtig extrem macht sie das nur höchst selten. Viel, viel, viel seltener jedenfalls, als sich Leute operieren lassen. Vieeel! Und zweitens neigt man – wenn man schon beim Hingucken so überkritisch mit sich war – beim Korrigieren logischerweise zum Überkorrigieren. Und das fällt auf.

Wenn man ein Klapperkonstrukt ist wie Victoria Beckham in ihren schlimmsten Zeiten, und wenn man dann aber eine Balustrade vor sich herschleppen würde, auf der ein Philharmonie-Orchester Platz hätte, dann sieht das einfach unglaubwürdig aus. Man kann auch »schlimm« sagen, aber das ist natürlich Geschmackssache, sofern man nicht als Model arbeiten möchte. Als Model, das nicht den Startvorteil der Prominenz hat wie Frau Beckham, ist es bislang tödlich.

Das liegt nicht an meinen Vorlieben oder weil ich generell ein Gegner von Schönheitsoperationen bin. Persönlich ist mir das ziemlich egal, es ist nicht mein Job, Leuten vorzuschreiben, was sie mit ihrem Körper machen wollen oder sollen. Es ist hingegen sehr wohl mein Job als Agent, dem Kunden Models zu vermitteln, die ihren Auftrag erfüllen. Bei Models wie Olivia weiß ich, dass sie es aufgrund ihrer körperlichen Nachbesserungen nicht können. Denn worin genau besteht denn der Auftrag eines Models?

Viele unterschätzen den Modeljob, manchmal sogar die Models selbst. Das Model, denken sie, ist doch nur das Lametta am Weihnachtsbaum. Das ist nicht der Fall. Es gibt diesen Job als wandelndes Lametta natürlich tatsächlich, aber den kriegen nicht die Models, den kriegen Messehostessen. Die lehnen bei Automobilmessen neben Sportwagen, und die können sich demzufolge auch problemlos

operativ verschönern oder sagen wir lieber verformen lassen, wie sie wollen. Lametta muss man über einen Zweig legen können und es muss glitzern, fertig. Das Model hingegen verkörpert das Produkt. Das Model *ist* das Handy – schön und elegant. Das Model *ist* der Lippenstift – verführerisch und gepflegt. Das Model *ist* das Kleid – schick, gut betonend, ein Hingucker. Und die Werbeargumentation dahinter ist immer die Gleiche: Kauf das Kleid, und du siehst aus wie das Model. Kauf den Lippenstift, und du siehst aus wie das Model. Kauf das Handy, und du siehst aus wie das Model.

Victoria Beckham und ich bei der vierten Staffel von *Germany's Next Topmodel* in L.A., noch mit unseren Mikros an den Klamotten. Eine Frau mit wenig Pfunden, aber auch erfreulich wenig Starallüren.

So aufgeschrieben liest sich diese Argumentation ziemlich hanebüchen, ich geb's zu, aber es tut mir leid, so funktioniert Werbung eben, intellektueller wird's nicht. Ich würde auch gerne was von inhaltlichen Argumenten erzählen, aber das ist die Aufgabe von Testzeitschriften. Die Werbung mit Models funktioniert mit und basiert auf dieser simplen Botschaft. Und die ist so simpel, dass sie ganz leicht zu zerstören ist – zum Beispiel durch eine Schönheitsoperation.

Denn die ganze Aussage wie etwa »Kauf den Lippenstift und du siehst aus wie das Model« bricht zusammen, wenn der Kunde auf den ersten Blick sagt: »Ja klar, aber die Lippen muss ich mir dazu natürlich auch noch aufpumpen lassen.« Dann können Sie den gesamten Werbeetat abschreiben. Das ist wie bei Sport und Doping: Wenn Bastian Schweinsteiger oder Lukas Podolski für die neuen superstützenden T-Shirts von Adidas posen, dann nur, weil klar ist, dass ihre Leistung vor allem auf die Shirts zurückzuführen ist und nicht auf die Blutbeutel von irgendeinem zwielichtigen spanischen Arzt oder einem US-Anabolikalabor. Wer als Model, wer mit seinem Aussehen für ein Produkt werben will, darf daher keine Zweifel an der Natürlichkeit eben dieses Aussehens aufkommen lassen. Ich will hier nicht behaupten, dass keines der Top- oder Supermodels operiert ist. Aber ich bezweifle es, und ich kann es auch bei den mittleren und großen Namen im Geschäft nicht erkennen. Bei Anfängerinnen erkenne ich es in neun von zehn Fällen sofort. Auch dann, wenn es wie im Falle von Olivia nicht die Proportionen sind.

Gerade auf dem Laufsteg kommt zu den Proportionen noch ein weiteres Kriterium hinzu: die Bewegung. Wie bewegt sich der Busen? Man kann die Frage auch so formulieren: Unterliegt er der Schwerkraft? Ein echter Busen ist kein Heliumballon. Ein falscher schon. Darum ist der Gedanke an eine OP ja für viele Frauen so verführerisch: Sie denken, sie bekommen die Attraktivität eines großen Busens ohne die blöden Folgen der Schwerkraft. Aber das wirkt höchstens glaubwürdig, wenn sich das Model auf dem Mond bewegt, wo alles nur ein Sechstel des Erdgewichts hat. Und leider ist das Mondgeschäft im Modelbusiness vernachlässigbar. Wenn also ein hoffnungsvolles Model beschließt, meine Aufmerksamkeit mit Hilfe eines Chirurgen auf seine Oberweite zu lenken, nehme ich mir die Freiheit, mit derselben Aufmerksamkeit auf die Schwankungen dieser Oberweite zu achten. Sind sie ausreichend vorhanden, können wir über eine Modelkarriere reden. Fehlen sie, geht es hier um nichts anderes als einen Hostessenjob, und dafür bin ich nicht zuständig. Nochmal: Der Hauptfehler bei Schönheitsoperationen ist, dass viele Frauen in der Hoffnung, ihren vermeintlich größten Makel zu vollkommener Schönheit umzubilden, zugreifen wie eine Schnäppchenjägerin am Wühltisch. Zu viel Botox in der Lippe, zu viel Michael Jackson in zu wenig Nase, zu viel Busen, zu viel Makellosigkeit. Darum wundere ich mich über das, was vor kurzem Erin O'Connor erzählt hat.

Erin ist eine der wirklich Großen im Geschäft. Sie ist zwischen Ende der 90er Jahre und 2001 für »Valentino«, »Gaultier«, »Dior«, fast alle großen Namen gelaufen. Und sie sagt jetzt, dass sie ursprünglich, vor dem Start ihrer Karriere, von Agenturen oder Managern zu Schönheitsoperationen gedrängt worden sei. Man habe ihr gesagt, sie bräuchte eine Nasenoperation und größere Brüste, um mehr Aussicht auf Erfolg als Model zu haben. Sie hat sich geweigert und sagt, sie habe sich trotzdem durchgesetzt. Das ist schön, aber nur die halbe Wahrheit: Sie hat sich nicht trotzdem durchgesetzt, sondern gerade deswegen – was die Richtigkeit meiner Beobachtungen über Authentizität und Werbeindustrie unterstreicht. Und ich weiß nicht, wer ihr zu den Operationen geraten hat. Aber eine vernünftige Agentur kann es nicht gewesen sein.

Gute Schönheitsoperationen sind so gemacht, dass man sie nicht bemerkt. Gute Schönheitsoperationen sind daher meist marginal. Es sind kleine Korrekturen. Und dann stellt sich die Frage meist gleich doppelt: wozu?

Disziplin

Ich bin streng erzogen worden, und ich finde das nicht schlimm. Denn »streng« bedeutet nicht, dass ich in einem Schreckensregiment aufgewachsen bin. Sondern, dass die Regeln sehr strikt und sehr eng aufgestellt waren. Ich würde sogar sagen, außergewöhnlich eng.

Wir sind als Kinder in Reiskirchen, wo wir vor unserem Umzug nach Frankfurt wohnten, des Öfteren zum Bauernhof zum Milchholen geschickt worden. Mit einer Milchkanne. Und wir haben es geliebt, weil wir beim Milchholen unbeobachtet waren. Wir waren raus und keiner sagte uns, was wir zu tun hätten. Unterwegs haben wir immer »Geisterhaus« gespielt. Denn der Weg zum Bauern führte an einem leerstehenden Haus vorbei, an einer Baustelle mit einem Rohbau. Das dauerte dann natürlich etwas länger, bis wir mit der Milch zu Hause ankamen, weil man eine gewisse Zeit braucht, bis man wirklich gründlich überall nach Geistern gesucht hat. Oder wir haben auf dem Heimweg im Garten unserer Nachbarn Verstecken gespielt. Einmal kam unser Vater aus dem Haus, gerade als wir vom Nachbargrundstück kamen, und wurde stinksauer. Er hatte sich Sorgen gemacht, unnötig, wie er jetzt feststellte, aber auf dem Nachbargrundstück hatten wir trotzdem nichts verloren. »Was hättet ihr

gemacht, wenn ihr dort Geld gefunden hättet?«, wetterte er. »Hättet ihr's eingesteckt? Und wir stehen dann als Diebe da?« Und dann gab's Ohrfeigen. Mein Vater befürchtete, dass wir sonst kriminell werden könnten.

Mein Vater ist der Weltgroßmeister der Ohrfeige. Oder: Er ist es vermutlich, denn so genau kann man das heute nicht mehr sagen, die letzte Ohrfeige von ihm ist schließlich bestimmt schon 25 Jahre her, mindestens. Er war nicht brutal, auch nicht hart, aber man bekam eine gewischt, und man war nicht gerade scharf drauf. Zack, zack, so schnell ging das, es sei denn, unser Vater erwischte mit einem besonderen Glücksgriff beide Übeltäter auf einmal. Ich weiß noch, dass wir mal im Garten grillten, und mein Vater hat mich und meinen Cousin in den Keller geschickt, um irgendwas zu holen, vielleicht Wein oder weitere Grillkohle. Wir haben natürlich unterwegs wieder furchtbar rumgetrödelt oder uns gestritten, und die Lieferung kam und kam nicht.

Der bravste Junge der Welt: Klassenfahrt zum Bodensee, etwa 1985.

Als wir schließlich endlich wiederauftauchten, stand mein Vater schon oben auf dem Treppenabsatz, holte aus und erwischte uns beide mit einem Schlag. Ungefähr so wie im Märchen vom tapferen Schneiderlein, nicht sieben auf einen Streich aber doch immerhin zwei. Wafa schwört sogar, dass Papa auch drei auf einmal erwischen konnte. Wir waren auf der Rückfahrt von einem Rommé-Abend, und er war stinksauer, weil er verloren hatte, was er ungefähr genauso gut kann wie ich. Wenn er verloren hatte, war regelmäßig dicke Luft, er guckte so böse, dass wir auf einen Schlag die frommsten Kinder des ganzen Viertels waren. An diesem Abend war's genauso, er gab routiniert gerade Mama die Schuld und warf ihr vor, dass sie wieder alles falsch ausgespielt hätte; wir saßen zu dritt auf dem Rücksitz und haben kaum was gesagt. Wafa schwört, mein Vater hat mitten im Schimpfen mit meiner Mutter mit einem Wischer nach hinten uns alle drei erwischt, ohne sich auch nur umzudrehen. Aber Gründe für Ohrfeigen gab es mehr als nur einen. Einer der Standardgründe war Langsamkeit.

Wir mussten um 22 Uhr zu Hause sein, generell, auch am Wochenende. Auch deswegen habe ich Sport so geliebt, weil ich nach dem Training noch ein Bierchen trinken gehen konnte und den Zapfenstreich damit ein bisschen ausdehnte. Am Wechsel der Getränke merkt man: Ich war damals schon 18, und die 22-Uhr-Regel galt noch immer, sie galt bis zum Abitur. Das war deutlich strenger als die Ausgehzeiten unserer Mitschüler. Gut, es wurde nicht so streng überwacht wie manch anderes, aber es gab halt immer Ärger, wenn man mal später kam. Ich versuchte dann, besonders leise in die Wohnung zu schleichen, aber meistens hat es mein Vater trotzdem spitzgekriegt, und dann gab's Zoff. Das Erstaunliche ist: Man gewöhnt sich dran. Wir wollten natürlich länger ausbleiben, aber wir haben gelernt, damit umzugehen. Nicht nur für mich galt diese Ausgangssperre, sie galt auch für Wafa. Obwohl er älter war. Das ist heute vielleicht schwer nachzuvollziehen, aber mein Vater führte ein strenges Regiment und wir haben es nie wirklich infrage gestellt. Es gibt eine schön dämliche Geschichte, die das gut illustriert.

Mein Vater hatte einen kleinen Kiosk, von dem er so gegen 21 Uhr abends zurückkam. Wenn man um diese Zeit loszog, gab es schon vorher eine Standpauke: »Wie? Was? Wieso gehst du jetzt noch weg? Wenn du jetzt erst weggehst, wann kommst du dann zurück?« Es war eine furchtbare Litanei. Wafa hatte daher einen Trick: Man parkte das Auto so, dass unser Vater es nicht sah und versteckte sich ab 19 Uhr im Keller, damit er glaubte, man wäre schon weg. So mussten wir ihm nicht über den Weg laufen und sparten uns den Vortrag. Wafa hatte es sich da im Keller richtig gemütlich gemacht, er hörte Radio oder Walkman. Und auch ich empfand das als superpraktische Lösung, bis mein Vater eines Abends beschloss, die Winterreifen aus dem Keller zu holen. Ich saß wieder mal im Keller, wartete, bis ich unbehelligt weggehen konnte, da hörte ich plötzlich seine Schritte, und sah unter der Tür hindurch, wie das Licht anging. Ich überlegte fieberhaft, was ich ihm für eine Begründung dafür liefern könnte, dass ich mitten in der Nacht in unserem dunklen Keller saß. Ich erwog mit meinen 18 Jahren ernsthaft, mich zu verstecken, ließ es dann aber bleiben, denn wenn er mich dann gefunden hätte, wäre ich noch idiotischer dagestanden als sowieso schon. Also bin ich in einer Kurzschlussreaktion aus dem Keller raus und ihm entgegengegangen. Ich erinnere mich noch an sein irritiertes Gesicht, als er mich plötzlich kommen sah.

»Was machst du jetzt im Keller«, fragte er entgeistert.

»Ich musste noch dringend was holen«, sagte ich mit sehr leeren Händen. Was hätte ich auch holen sollen – Einmachgläser?

»Mitten in der Nacht?«, fragte er stirnrunzelnd.

»Ja«, sagte ich, »war ganz dringend.«

»Und was?«

Spätestens ab hier wurde es ein völlig konfuses Gestammel, weil ich ja wirklich absolut keinen Plan hatte, und dann auch noch mit meinem hektisch zusammengedachten Text durcheinander kam. Er hat sich's dann wohl zusammengereimt, dass ihm seine Kinder im Keller aus dem Weg gingen.

Ich weiß nicht – klingt diese Erziehung meines Vaters brutal? Es war nicht brutal, wirklich! Mein Vater liebte alle seine Söhne und seinen Pflegesohn sehr. Er hätte nie zugelassen, dass uns was passiert. Und ich muss sagen: Es gibt Schlimmeres als diese – übrigens nicht sehr harten – Ohrfeigen. Man stellt was an und bekommt die Quittung, es ist insgesamt gesehen ein ziemlich fairer Deal, finde ich. Voraussetzung ist natürlich, dass man als Kind all das nachvollziehen kann – und das konnten wir. Wir hatten entweder getrödelt oder auf dem Nachbargrundstück gespielt, ohne jemanden gefragt zu haben; sogar die schlechte Laune meines Vaters war absolut berechenbar. Wer pünktlich war, brav war, wer nicht neben meinem Vater herumlärmte, sondern irgendwo anders, wo es keinen störte, der bekam auch keine Ohrfeige. Und selbst, wenn man eine bekam, war danach alles halbwegs in Butter. Mein Vater strafte uns nicht durch ewiges Schmollen, durch Missachtung, durch finstere Drohungen oder sonst was. Und wenn mein Cousin und ich an unsere Doppelohrfeige denken, werden wir richtig nostalgisch. Und sogar damals fanden wir's in Ordnung, wir haben nach dem ersten Schreck sogar in uns hineingegrinst, mein Vater natürlich nicht, dem war das bitterernst, der hat nicht den Hauch einer Miene verzogen.

Würde ich meine Kinder so behandeln? Ich weiß es nicht. Sie hätten sicher mehr Freiheiten als wir damals. Aber die Erziehung meines Vaters hatte definitiv ihre Vorteile, gerade später in meiner Zeit in Paris. Die ersten Wochen dort waren sensationell. Ich war ja zum ersten Mal richtig zu Hause ausgezogen, ich hatte ein kleines gemietetes Dreckloch, aber es war MEIN kleines gemietetes Dreckloch. Und ich war sowieso nicht viel zu Hause: Ich war jeden Abend unterwegs, hatte Termine, traf Leute, kam nach Hause und musste niemandem erklären, wie spät es war. Und am nächsten Morgen kämpfte ich mich aus dem Bett und ins Büro. Ich habe das drei, vier, sechs Wochen durchgehalten und dann aufgegeben. Anfangs hatte ich noch gedacht, ich müsste alles nachholen, was ich in all den Jahren unter den Augen meiner Eltern versäumt hatte. Aber ich merkte schnell: Es gab gar nicht so viel nachzuholen.

Es fühlte sich einfach nicht gut an, dieses disziplinlose Leben. Rein körperlich, weil ein Brummschädel und ein verdorbener Magen niemandem Spaß machen, aber auch mental. Ich spürte die Erziehung meiner Eltern, spürte, dass ich einen Großteil ihrer Werte übernommen hatte, ihre Einstellung zur Arbeit. Und ich bin sicher: Ich hätte ohne die Erziehung meines Vaters in Paris auch übel abstürzen können, als Party-Peyman, die Sumpfnase. Dieses Wertegefühl, diesen Sinn fürs Wesentliche und Wichtige würde ich meinen Kindern gerne weitergeben.

Das Regiment meines Vaters hat uns zweifellos auch zusammengeschweißt. Ich weiß nicht, ob ich ein so enges Verhältnis zu meinen Brüdern Wafa und Omid und zu meinem Cousin Shahin hätte, hätten wir nicht zusammen alles durch- und mitgemacht. Wir kamen zu viert prima zurecht, ich denke heute noch gerne an unsere Pizzaabende zurück, wenn unsere Eltern mal weg waren. Man könnte denken, dass wir dann jedes Mal erlöst aufgeatmet hätten und die Bude auf den Kopf gestellt – nö, so war's nicht. Wafa hat Pizzateig geknetet, Omid, Shahin und ich waren für den Belag zuständig. Wir haben Peperoni draufgehauen ohne Ende, manchmal saßen wir nach dem Essen röchelnd mit offenem Mund da. An einem Winterabend haben wir vor lauter Schärfe die Tür zur Terrasse aufgerissen, sind rausgerannt und haben uns Schnee in den Mund gestopft, echt, ohne Witz. Und dazu haben wir

Gut gelaunt trotz des strengen Regiments: Shahin, Wafa, Omid und ich (v. l.) mit dem Familienoberhaupt.

Videos geguckt, bis wir viereckige Augen hatten. Ahhh, ich liebe Fernsehen, noch heute! Und jetzt arbeite ich sogar dafür – geht es noch besser?

Wir haben auch gelernt, dass man nicht alles mitmachen muss, was die anderen machen. Wir waren im Freundeskreis akzeptiert, und so, wie unseren Freunden klar war, dass einer braune Haare hat und der andere gekräuselte, so wussten sie auch, dass wir uns eben gegen 22 Uhr verabschieden mussten – so what? Deshalb konnte man mit Wafa, Shahin und Peyman trotzdem jede Menge Blödsinn anstellen. Was zudem tröstlich war: Man war nicht allein – es ging nicht nur Peyman um 22 Uhr von der Party weg, Wafa und Shahin waren immer mit dabei. Das machte es auch weniger peinlich, ja, fast sogar normal. Aber für uns waren darum die jährlichen Klassenfahrten jedes Mal echte Höhepunkte, wir haben es richtig genossen, mal unkontrolliert zu sein. Oder wenn unsere Eltern mal ein Wochenende lang weg waren, dann haben wir Freunde eingeladen und uns ein wenig ausgetobt.

So gesehen verdanke ich das alles meinem Vater. Und vielleicht sollte ich es mit meinen Kindern ähnlich machen. Ich würde aber vermutlich die Ohrfeigen weglassen. Trotzdem finde ich den Gedanken gut, dass es eine Autoritätsperson in der Familie gibt, dass diese Person ein Signal aussendet, das jetzt keine Ohrfeige sein muss, das aber jegliche Diskussionen beendet. So, und wer dieses Schluss-jetzt-Signal aussendet, der hat damit auch eine enorme Verantwortung: Er muss berechenbar sein, er muss klare Regeln vorgeben und auch selbst befolgen, er muss als Ziel nicht seine Ruhe haben, sondern die vernünftige Erziehung von Kindern. Und klar muss natürlich auch sein, dass die Kinder ab einem gewissen Alter dieses Signal

Nach dem Finale der dritten Staffel von *Germany's Next Topmodel* im Kölner »Marriott«: Ich, meine Visagistin Nina Park, Omid und Wafa (v. l.). Guter Job, Nina!

nicht mehr brauchen. Wir bekamen ja auch eines Tages keine Ohrfeigen mehr.

Erklärt hat er es nie, aber ab einem gewissen Alter fand unser Vater es wohl besser, uns als Erwachsene zu behandeln oder wenigstens so, wie er glaubte, dass man mit Erwachsenen umgehen müsste. Statt Ohrfeigen zu verteilen, hat er sich hingesetzt, ich musste mich ihm gegenüber hinsetzen, und dann hielt er eine Strafpredigt. Diese Predigt war ein unglaublich endloser Monolog. Un-glaub-lich end-los. Wie hart früher alles war und was er in unserem Alter alles hatte tun müssen und wie er mit fünf Jahren Geschirr im eiskalten Bach spülen musste und, und, und. Und dann, wenn man den Eindruck hatte, es sei alles gesagt und man könne jetzt aufstehen, dann ging das Ganze wieder von vorne los.

Wir sind relativ spät zu Hause ausgezogen. Mein Bruder Wafa mit 23, ich erst mit 26, was auch damit zusammenhängt, dass man auf Omid ja aufpassen muss und dass es daher immer praktischer war, wenn mehrere Pflegepersonen zu Hause wohnten. Aber dennoch: Von unserem 16. Lebensjahr bis zu unserem Auszug waren wir nie sicher vor der Strafpredigt. Und in einer Sache sind Wafa, Shahin und ich absolut einer Meinung: Wir wären heilfroh gewesen, wenn wir stattdessen wieder unsere Ohrfeigen bekommen hätten.

Interessant wird das Ganze, wenn ich die Models aus unserer Sendung so betrachte. Wenn ich mir ihre Einstellung ansehe und mir überlege, wie sie wohl aufgewachsen sind. Da gibt es ja wirklich verwöhnte Gören, bei denen man sich sofort denkt: »Mädchen, so kommst du hier nicht weit.« Die die simpelsten Dinge für eine unglaubliche Zumutung halten – Dinge, bei denen ich, wenn ich an meine Jugend denke, müde gähne. Bei denen ich zwar nicht an die

Ohrfeigen denke, aber an unsere Disziplin als Kinder: »Mein lieber Schwan, Schätzchen, dich sollte man auch mal ein halbes Jahr um 22 Uhr ins Bett schicken, das würde dir gar nicht schaden.« Das sage ich natürlich nicht so deutlich.

Auf der anderen Seite sehe ich manchmal Kandidatinnen, die offenbar ähnlich aufgewachsen sind wie ich. Die die Zähne zusammenbeißen. Ich kann nicht behaupten, dass die dann immer gewinnen. Aber sie kommen oft ungewöhnlich weit, weiter als hübschere oder elegantere Mädchen. Marie ist so jemand, oder auch Wanda aus der dritten Staffel. Es hilft, ein festes Gerüst zu haben, auf das man bauen kann. Dieses Gerüst kann man sich erarbeiten, vieles davon können einem aber auch die Eltern mitgeben. Es gefällt mir, dass nicht immer die Tollsten und Schönsten alles mühelos gewinnen. Ich mag den Gedanken, dass man sein Schicksal beeinflussen kann. Und in jeder unserer Staffeln haben das einige Mädchen bewiesen: Sie haben Kampfgeist gezeigt, Disziplin, Einsatzfreude, die haben sich da hingefightet, wo vom puren Talent her gesehen vielleicht andere hingehört hätten.

Models im Nebel

Wissen Sie, was merkwürdig ist?

Ich weiß, wie Modelkarrieren beginnen. Ich weiß, wie man Modelkarrieren steuert. Aber so seltsam es klingt: Wenn man einmal von den großen Supermodels absieht, weiß ich wenig darüber, wie die Karrieren von Models enden. Und ich kenne niemanden, der mehr darüber weiß. Klingt wirklich wunderlich, das gebe ich gerne zu. Beinahe geheimnisvoll, ein bisschen so wie diese Geschichten von den Elefantenfriedhöfen. Man weiß, Elefanten leben nicht ewig, aber keiner weiß, wohin sie schließlich verschwinden. Wobei der Vergleich hinkt, weil man von Models überhaupt nichts mehr findet. Allerdings sucht auch keiner so genau.

Ich weiß allerdings, wie es ist, wenn sich die Karriere eines Models dem Ende zuneigt. Wenn sie plötzlich weniger Designer für den Laufsteg ordern, erst langsam und dann immer schneller. Wenn all die neuen, viel jüngeren Gesichter gefragt sind, mit den Körpern, von denen die Designer träumen, diese Taillen, die so zuverlässig schmal sind und nicht plötzlich aussehen wie Taillen von einer Frau aus dem richtigen Leben. Und ich weiß, wie es ist, wenn man dann mit seinem Model das Gespräch führen muss, in dem man ihm den Abschied vom Catwalk vorschlägt. Man sagt das natürlich nicht so deutlich. Nicht oft, jedenfalls. Man legt die Karten nicht auf den Tisch und sagt: »Sieh mal, all die leeren Slots hier, das sind alles Jobs, die du nicht gekriegt hast, so macht das keinen Sinn mehr.« Man hofft, dass man es nicht so deutlich sagen muss. Schließlich ist das Model ja nicht taub und blind: Es weiß ja, dass es nicht mehr für die großen Modenschauen gebucht wird.

Also schlägt man höflich einen Kurswechsel vor: Warum nicht in die Welt der Kataloge wechseln? Oder der Werbung? Das ist gutes Geld, das ist weniger Hektik. Und wenn das Model mit offenen Augen durch die Welt geht, dann versteht es, was man damit wirklich meint: Dass die Zeit der Catwalks vorbei ist. Vielleicht hat es sich schon gedacht, dass es in diesem Gespräch um diesen Abschied geht, vielleicht – und das sind dann die, die wirklich mitdenken – hat es das Gespräch selbst veranlasst. Aber der Abschied vom Laufsteg fällt vielen schwer.

Denn tatsächlich ist das die prestigeträchtigste Klasse des Geschäfts. Hier sind die wahren Königinnen der Branche unterwegs. Und auch, wenn unser gereiftes Laufstegmodel nicht zu den großen Diven gehört, wenn es vielleicht nur nicht berühmt genug ist, um mit ihnen mitzuhalten und sich selbst als Marke zu platzieren, dann möchte es dennoch weiter in dieser Liga mitlaufen. Und nur, weil es gerade keine Jobs hat, so denkt das Model, muss das ja nicht heißen, dass es niemand mehr will. »Vielleicht«, denkt das Model, »vielleicht ist ja nur der Markt schwieriger geworden. Und mein Agent ist einfach zu dumm oder zu faul, mir die Aufträge zu sichern.« Und das ist die Wegkreuzung, an der man sich dann trennt.

Denn das ist nun mal der Punkt, um den es sich dreht: Auf dem Laufsteg macht das Model keinen Umsatz mehr. Und wir Agenten sind zwar auch die lieben Freunde unserer Models, aber vor allem sind wir die Geschäftspartner. Wir können Wege aufzeigen, wie alle Beteiligten trotzdem noch gutes Geld verdienen können. Aber wenn das Model diesen Weg nicht gehen möchte, dann war's das.

Wenn in diesem Job deine Zeit vorbei ist, ist sie vorbei. Das klingt hart, aber so ist es nun mal: Ich habe noch niemanden zurückkommen sehen – und ich hätte es gern gesehen. Ich bin Sportfan, ich mag Geschichten wie die von dem alternden Boxer, der's nochmal allen zeigt. Von Comebacks wie dem von Michael Schumacher. Da bin ich der Erste, der aufspringt und mitjubelt. Aber im Modelgeschäft gibt es diese Geschichten nicht. Eine hat es mal versucht, ein wunderschönes rothaariges Topmodel aus New York, das sich schon zurückgezogen hatte, bis es bemerkte, dass ihr Stiefvater den größten Teil ihres hart erarbeiteten Vermögens durchgebracht hatte. Sie fing wieder an, aber es klappte nicht.

Das muss selbstverständlich nicht das Ende sein. Wer einen Namen hat, wer clever ist, ist auf diesen Moment vorbereitet.

Tyra Banks hat erst anhand von ein paar Nebenrollen ins Filmgeschäft hineingeschnuppert und dann ihre Modelsuche *America's Next Topmodel* gestartet, das Vorbild für unsere Show in Deutschland. Aber dazu muss man kein Supermodel sein.

Alek Wek hat inzwischen eine Kollektion eigener Handtaschen herausgebracht, »Wek1933«. Erin Wasson, Texanerin, hat im letzten Frühjahr ihre erste Kollektion bei »RVCA« herausgebracht. Und Ellen von Unwerth hat gleich komplett die Seiten gewechselt: In den Siebzigern war sie selbst noch Topmodel und entdeckte ihre Leidenschaft fürs Fotografieren – jetzt ist sie selbst Fotografin, und ihre eigenen Erfahrungen vor der Linse geben ihrer Arbeit jetzt einen ganz besonderen Blickwinkel. Aber dafür braucht man eben ein besonderes Talent, eine besondere Begabung fürs Geschäft oder fürs Design.

Derlei passiert nicht nur mit Laufstegdiven. Bei den meisten Models sinkt die Nachfrage mit den Jahren, und nur wenige schaffen es, noch mit 60 zu modeln wie Uschi Obermaier, die Ikone der 68er. Manche Models lernen auch nur einfach einen Mann kennen, bekommen Kinder, werden Hausfrauen – aber ich weiß es nicht genau. Man verliert sich aus den Augen. Ist ja auch logisch: Jedes Jahr verabschiedeten wir uns bei »IMG« von etwa zehn Models, für die wir keine ausreichende Menge an Aufträgen mehr bekamen. Und in unserer Branche zählen nur die, die im Geschäft sind. Da fragt keiner nach: Mensch, hast du die und die mal wieder gesehen, was macht die eigentlich jetzt? Das ist nicht wie beim zehnjährigen Klassentreffen, wo man sich nach der Brünetten aus der zweiten Reihe erkundigt, die immer so niedlich aussah.

Manche Models wechseln die Agentur, und dann nochmal, und dann sind sie aus dem Blickfeld verschwunden, wenn sie nicht plötzlich nochmal irgendeine unglaubliche Kampagne machen sollten. Aber wenn diese Kampagne noch in ihr steckt, glauben Sie mir, dann werde ich den Teufel tun und sie einfach so gehen lassen.

Wir wissen nicht, ob die Models dann aufhören, ob sie Drillinge haben oder ob sie ihr Vermögen verwalten. Viele Models kaufen Immobilien, vielleicht ist die Welt voller Exmodels, die sich Klagen ihrer Mieter anhören oder Klempner bestellen oder mit der Kabelfirma streiten. Vielleicht sitzen sie auch hinter irgendeiner Supermarktkasse oder erfüllen sich den kleinen Traum von einem Schreibwarengeschäft. Ich weiß es nicht. Das Durchschnittsmodel geht eines Tages aus der Agentur und verschwindet auf seinen hohen Absätzen zauberhaft elegant klickend im großen weißen Nebel, der die meisten Models eines Tages schluckt.

Die Jury: Bruce, Armin & Co

Vieles hat sich über die Jahre bei *Germany's Next Topmodel* geändert. Das meiste zum Besseren, das muss man neidlos anerkennen – aber eines nicht: Die Jury der ersten Staffel ist immer mein absolutes Dreamteam geblieben. Neben Heidi waren wir alle No-Names, aber das in einer richtig perfekten Mischung.

Armin Morbach, Friseur und Stylist: Ein immer gut gelaunter Kumpeltyp, eine Schulter zum Ausweinen, fachlich eine echte Autorität, ein unabhängiger Kopf und zugleich backstage absolut pflegeleicht. Keine Allüren, keine Extrawünsche, ein absoluter Teamplayer, den ich auch heute noch immer und überall gerne treffe. Meine Wenigkeit übernahm die Rolle als harter Hund, und dann war da natürlich Bruce Darnell.

Bei Bruce war ich anfangs ein wenig skeptisch. Er war mir noch nie begegnet, aber das musste nichts bedeuten, weil Runway-Coaches nun mal nicht so oft gebraucht werden. Sie werden vor Modewochen gebucht, um die Models einzuweisen, oder um Choreografien zu entwickeln, aber das passiert nicht so häufig, also sind sie einem auch nicht so gegenwärtig wie, sagen wir: Hairstylisten. Gut, sein Gegenstück aus der US-Show mit Tyra Banks war mir schon mal begegnet,

Jay Alexander, der sich später den Beinamen »Miss Jay« verdiente, und der tatsächlich schon bei »IMG« die Models gecoacht hatte. Bruce hatte für »C&A« gearbeitet, für die Düsseldorfer »Igedo«, was international wirklich nicht sonderlich viel bedeutet. Tatsächlich, so hat er später mehrfach erzählt, war er damals sogar ziemlich am Ende, mich hat er nur einfach nicht beeindruckt. Aber ich dachte: »Okay, er ist so schwul wie das Original, vielleicht ist er sensibler mit Frauen oder so, das macht sich bestimmt ganz gut. Und außerdem hat er diese Sprechweise, dieses Deutsch, das schon nicht mehr gebrochen ist, sondern gebrucet.« Das, dachte ich, gäbe der Sendung auch noch einen schön internationalen Touch. Aber damit hatte ich ihn bei weitem unterschätzt. Bruce entpuppte sich schnell als absolute Mediensensation.

Ich habe selten jemanden gesehen, der sich so vor der Kamera inszenieren kann. Und ganz ehrlich: Manchmal beneidete ich ihn regelrecht um dieses Talent. Diese fantastische exaltierte Art. Immer leicht überdreht. Und trotzdem hatte er den Respekt der Mädchen. Man kann diesen Respekt anhand eines Ereignisses gut beschreiben: Erinnern Sie sich an die erste Staffel? Bruce mit den Models am Kai? Wie er diese 15- oder gar 20-Zentimeter-High-Heels in der Hand hat, und den Mädels den schönen Satz hinpfeffert: »Das hier ist der Wahrheit!« Nein, Moment, das geht noch genauer, weil Bruce kann auch noch gut betonen: »DAS hier«, sagte er, und dann machte er eine ganz kleine Pause, damit jede begreift, was »das hier« ist, »… ist der Wahrheit.« Und dann steigt er in diese Mörderschuhe, für die man eigentlich einen Waffenschein braucht, und läuft besser als sämtliche Mädels zusammen. Das war einfach genial. Und dann scheucht er sie über den Kai: »Drama! Drama!! Drama!!!« Unbezahlbar.

Bruce übt beim »Bayerischen Fernsehpreis« 2007 neben mir seinen neuen Look: Bruce Steel.

Dazu kam diese fantastische Rührseligkeit. Wie Mandy ausschied und Bruce ihr mit tränenerstickter Stimme hinterherschluchzt »Mandy – ick liebe disch.« Da habe ich mir für einen Moment gedacht, ich müsste mir demnächst einen Schwung Zwiebeln unters Pult legen, um mithalten zu können. Aber ein bisschen hat's mich auch geärgert.

Denn natürlich liebt Bruce Mandy nicht wirklich. Er trifft sie heute nicht öfter als ich, und er hat hinter der Bühne über die Models vermutlich genauso gelästert wie Stefan Raab. Über Mandy beispielsweise hieß es noch einige Tage vorher »sie geht wie ein Stock«. Doch wenn ich ganz ehrlich bin, bin und war ich vermutlich vor allem eifersüchtig auf sein schauspielerisches Talent. Denn moralisch ist das nicht so schlimm wie es zunächst klingen mag: Wir haben hier ja nicht eine Situation, in der Bruce Mandys bester Freund ist und ihr irgendwas ins Gesicht lügt, während er hinter ihrem Rücken womöglich über sie tratscht. Wir sind im Fernsehen, und er packt in dem Moment, indem die Kamera auf sein Gesicht geht, einfach eine perfekt gespielte Emotion aus. Er denkt sich nicht einfach »schade«, wie ich es vielleicht tun würde, er sagt es auch, und dabei übersetzt er dieses »Schade« in sein unnachahmliches Deutsch. Dann lässt er es durch seinen Emotionsverstärker laufen und heraus kommt auf den Punkt sendefertige Rührseligkeit im besten Sinne des Wortes. Also nicht so eine Instantrührung wie bei den neuen Heimatfilmen in der ARD am Freitagabend, sondern so, dass es einem wirklich für einen Moment nahegeht. Hut ab, ehrlich. Allerhöchsten fachlichen Respekt.

Das Angenehme war, dass wir alle drei ziemliche TV-Anfänger waren. Und man weiß ja nie, wie sich die Anwesenheit einer Kamera auf Menschen auswirkt: Manche werden dann supereitel, manche superzickig, andere schieben sich dauernd ins Bild und versuchen die Partner rauszudrängen – in unserer ersten Jury haben wir uns alle gegenseitig unterstützt. Und als Armin ausstieg, war ich richtig traurig. Zumal ich mit seinem Ersatzmann nicht viel anfangen konnte.

Anders als Armin fand ich Boris Entrup von Beginn an eher blass. Armin ist immerhin einer der Herausgeber des extravaganten Magazins *Tush*, mit Boris verband keiner von uns allzu viel. Er war vor der Kamera stets der Nervöseste und das machte die Sendung selbst auch nicht besser. Boris' Auftritt war letztlich mit ein Grund dafür, dass wir die Jury mit der Formel »Heidi plus zwei« zum Trio eindampften, das von Sendung zu Sendung mit einem Gastjuror erweitert werden sollte. Boris selbst, bei dem die angehenden Topmodels gerne mal nach der fünften Szenenwiederholung mit den Augen rollten, wurde elegant in seiner kleinen Abschlusswerbesendung für »Maybelline« zur eventuellen weiteren Verwendung geparkt.

Und es war die Sendung, in der Bruce sich zum zweiten Mittelpunkt neben Heidi mauserte. Woraus ich ihm nie einen Vorwurf machen würde. Was ich ihm hingegen wirklich übelnehme, ist, dass ich unsere Freundschaft als echt ärgerlich missbraucht empfinde.

Denn wir haben uns ja wirklich gut verstanden. Schon zu Beginn der ersten Staffel waren wir drei Nichtheidis viel zusammen unterwegs, nach Armins Ausstieg war die Freundschaft zu Bruce noch etwas enger geworden. Bruce ist vielleicht speziell, aber nie, nie langweilig – das war eine wirklich lustige Zeit.

Doch nach der zweiten Staffel verschwand er in der Versenkung. Ich weiß nicht genau was zur Trennung geführt hat, plötzlich tauchten Gerüchte auf, er plane was Eigenes in der ARD, aber die Funkstille fand ich absolut enttäuschend, wir hatten uns ja richtig prima verstanden. Also rief ich ihn irgendwann mal an, um zu hören, wie's ihm ging – und fand keinen Anschluss unter dieser Nummer. Okay, aber wofür hat der Mensch ein Management? Also rief ich dort an und musste mir sagen lassen, Bruce habe eine Auszeit gewollt, sie hätten auch keine Nummer. Ich hinterließ eine kurze Message, aber ich war ziemlich verärgert. Das Ganze war extrem unglaubwürdig. Und prompt wurde ich auch nicht zurückgerufen. Erst einige Monate später läutete mein Telefon, und Bruce war dran. Aber dieses Gespräch hatte nichts Persönliches mehr. Im Grunde ging's ihm nur darum, herauszufinden, was Heidi sagte, was ProSieben sagte, ob ich schon wüsste, ob ich in der neuen Staffel wieder dabei wäre, und warum er es noch nicht wusste. Er suchte Informationen, sonst nichts. Und das machte mich sauer. Und dann passierte erstmal ziemlich lange nichts.

In der Zwischenzeit brachte ich Lena Gercke und Barbara Meier, unsere ersten beiden Siegerinnen, im Sommer-Special 2007 von *Wetten dass …?* unter. Ich begleitete die zwei, und bei der After-Show-Party hörte ich das erste Mal wieder von Bruce, wenn auch nicht von ihm selbst. Ich lief Dieter Bohlen über den Weg.

Ich bewundere Dieter. Nicht, weil ich seine Musik so toll finde, aber weil er ein ziemlich sicheres Händchen für Shows, Showkonzepte, Verkaufen hat, vor allem für den Verkauf von sich selbst. Und entsprechend freute ich mich, als er bei der *Wetten, dass …?*-After-Show-Party auf mich zukam, mit seiner damaligen Begleitung Estefania im Schlepptau. »Ej, Alter, geile Sendung, die ihr da am Start habt, Hammerquote, ist ja super«, sagte er mit seiner unnachahmlichen Stimme, dieser einzigartigen Mischung aus Marktschreier,

Möbelverkäufer und mittelaltem Macho. »Aber diese Barbara, sag mal, warum habt ihr denn diese hässliche Kröte gewählt? Die würde ich ja nicht mal blind f… !!!«

Ich muss sagen, in diesem Moment hat meine Bewunderung spürbar nachgelassen. Ich sagte mir, dass diese sehr eigenwillige Einschätzung eigentlich ein gutes Zeichen ist, weil wir mit Barbara extra nicht diese 08/15-Schmuseschnäuzchenvorliebe eines Dieter Bohlen hatten bedienen wollen, dieses Schnuckelbild mit der Strahlkraft einer Zweiliterflasche Erdbeerparfum. Aber baff war ich trotzdem. Was will man denn auf so was sagen? »Dieter, du, komm mal kurz mit vor die Tür, meine Faust hat da einen ganz interessanten Vorschlag für dich?« – Ich meine, ich bin ja nicht in einer Bierhalle aufgewachsen! Aber nachdem Bohlen seine Pläne als Blinder ausreichend dargelegt hatte, wurde er wieder etwas gnädiger und meinte »Und hier, der Dings, diesen Schwarzen – auf den bin ich echt neidisch. Den hätte ich auch gern in meiner Jury.«

Bohlens Wunsch hat sich nicht sofort erfüllt, obwohl Bruce in der nächsten Staffel fast schon erwartungsgemäß nicht mehr mit dabei war. Der Ersatzmann für ihn war Rolf Scheider. Und so enttäuscht ich zum Schluss von Bruce war, origineller als Rolf war er allemal. Was man auch daran sieht, dass Stefan Raabs bester Scheider-Gag war, ihm das »e« an den Vornamen zu hängen. Tatsächlich hatten wir uns mit Rolfe so einiges eingehandelt. Während Bruce problemlos als Dressman hätte arbeiten können, war Rolfes Styling eher wunderlich, um es mal vornehm auszudrücken. Der Sender hielt es daher für sinnvoll, ihm eigens stylistische Beratung zur Seite zu stellen, um das Resultat sendefähig zu halten. Zudem plagte Rolfe offenbar große Angst, er könne zu wenig oder zu selten im Bild sein. Man kann so was am Set ziemlich leicht erkennen, denn manches wird ja fast gedreht wie ein Film. Man hat seine Szenen, seine Auftritte, und wenn die im Kasten sind, kann man eigentlich heim oder sich ausruhen oder sonst was machen, was einem so Spaß macht. Man kann aber auch einfach dableiben in der Hoffnung, dass noch weitere Szenen für einen abfallen. Rolfe war ein ganz großer Warter und Dableiber und Auf-Szenen-Lauerer. Das ist dann schon mal seltsam bis nervig, wenn man gerade einen Kommentar zu einer wichtigen Szene des Modeltages in die Kamera sprechen soll und plötzlich schiebt sich von links oder rechts Rolfes Rübe in den Bildausschnitt. Dass Rolfe nicht mehr dabei sein sollte war spätestens nach der zweiten Staffel mit ihm den meisten Beteiligten klar. Dass man es ihm nicht selbst sagte, gehört zu den unschönen Bräuchen im TV-Geschäft.

Ein richtiges Happy End hat es letztendlich für Bruce gegeben. Zwar entpuppte sich seine Personalityshow im Ersten als Megaflop. Aber Dieter Bohlen hatte weder sein Gedächtnis noch seinen Blick für gute TV-Gesichter verloren. Er holte Bruce wieder aus dem Abseits, und dafür ist ihm Bruce heute noch dankbar, da macht er kein Geheimnis draus, es scheint, als stehe er zu Bohlen so loyal wie sonst wohl nur noch Mark Medlock. Und da muss ich auch wieder zugeben, das ist eine absolut geniale Kombination. Dieter frotzelt, Bruce weint, dazwischen die hübsche Sylvie van der Vaart – das ist einfach gut gemachtes Fernsehen. Geile Show, Dieter.

Shopping in Paris

Entschuldigung, dass ich kurz mal abschweife, aber es gibt eine Frage, die ich unbedingt beantworten will, obwohl sie an keiner Stelle so richtig ins Buch passt: Ich werde oft gefragt, wo ich meine Sachen einkaufe. Manchmal wundert's mich, weil mein Stil eigentlich doch nur sehr klassisch ist und gar nicht so auffällig extravagant. Aber es stimmt natürlich, dass ich gerne einkaufe, und wenn Sie möchten, verrate ich Ihnen ein paar Adressen in den beiden Städten, in denen ich mich wirklich gut auskenne: Paris und New York. Umgekehrt bin ich Ihnen nicht böse, wenn Sie als Nichtshopper jetzt weiterblättern. Aber ich kann Ihnen versichern: Sie werden dann ein paar interessante Läden verpassen. Alles klar? Los geht's!

Zunächst mal: Meiden Sie die Champs-Élysées. Nicht zum Bummeln, nicht zum Sightseeing, aber zum Shopping auf jeden Fall. Das sind absolute Touristenfallen. Sie kriegen dort nichts Besonderes, und Sie zahlen zu viel. Der Beauty- und Kosmetikshop »Sephora« ist für mich ein schönes Beispiel. Die Menschen denken, sie wären dort an der Quelle, im Herzen des Beauty-Großeinkaufs, Großhandelspreise inklusive, aber nichts davon ist der Fall, da zahlt man die Champs-Élysées gleich mit. Für Beauty gibt's für mich nur den Duty-Free-

Shop am Flughafen. Ganz einfach. Und der einzige Laden, der auf den Champs-Élysées wirklich infrage kommt, ist »Zara«. Von all den Marken, die Designermode imitieren, ist »Zara« für mich die absolut Beste. Richtig gute Qualität für wenig Geld. Fast alle meine Hosen, die keine Jeans sind, stammen von »Zara« – exzellent abgeschaut von »Prada« und »Gucci«. Gehen die da richtig organisiert vor, schicken die ihre Leute in die Boutiquen, machen die sich da Notizen, Fotos, Skizzen? Viele Originalteile finden sich oft nur leicht abgewandelt in den »Zara«-Läden und zwischen Originalvorstellung und der »Zara«-Fassung liegen oft nur wenige Wochen. Ich hab mir noch keine Meinung gebildet, ob ich das vom Vorgehen her ethisch toll finde – aber vom Standpunkt des Konsumenten aus freue ich mich. Und zwar auch, weil das Zeug einem nicht nach dem ersten Waschgang um die Ohren fliegt.

Wer in Paris zum Shopping möchte, beginnt den Tag am besten mit einem kleinen Frühstück im »Barlotti« am Place du Marché Saint-Honoré. Bitte nicht hetzen, wir sind in Paris, nicht New York, da kann's statt dem Petit Déjeuner auch ein Brunch sein.

Von dort ist es nicht weit zur Rue Saint-Honoré, die übrigens auch Heidis absolute Lieblingseinkaufsstraße ist. Ein guter Startpunkt ist Hausnummer 217, »Colette«, gegründet von einer Dame, die auch so heißt. Vier Jahre lang ist sie um die Welt getingelt, und hat mit einer einzigartigen Palette von Accessoires begonnen, die man in Europa nur dort findet. Heute macht das inzwischen ein 15-köpfiges Team. Dabei holt sie sich gezielt auch Marken, die in Europa keine eigenen Shops eröffnen können oder wollen. Sie hat Sneakers aus Tokio oder Hongkong, sie hat die Sachen von Thom Browne, meinem neuesten Lieblingsdesigner, die neusten Handys mit dem ausgefallensten Schnickschnack, exklusive Kopfhörer. Sogar Karl Lagerfeld ist ein Fan von »Colette«. Schnäppchen gibt's da natürlich nicht, die Preise sind gepfeffert. Thom Browne, der mit Skimode angefangen hat, ist ohnehin schon High End, der überbietet locker »Prada« und »Gucci«, aber zu »Colette« geht man sowieso mehr aus Neugier, nicht um zu sparen.

Günstiger ist es da schon, wenn man sich in die Rue Etienne Marcel im Nordosten begibt. Nicht unbedingt wegen der Flagshipstores von »Kenzo« oder »Yohji Yamamoto«, auch nicht notwendigerweise wegen meiner Favoriten wie »Comme des Garcons« mit ihrer schlicht-schrägen, reduzierten, minimalistischen japanischen Mode, mit strikten Schnitten, oder den niederländischen »G-Star-Jeans«. Was hier besonders interessant ist, sind die Geschäfte zwischendrin. Kleine Designer, aber auch und gerade die Secondhandshops. »Kiliwatch« etwa an der Abzweigung der Rue Tiquetonne. Einen Anzug würde ich da natürlich nicht kaufen, aber richtig eingesetzt kann Secondhand supercool wirken, etwa bei Lederjacken, die einfach gelebt aussehen müssen. Vor allem zu Beginn meiner Karriere bin ich da gern und öfter hingegangen, das Einstiegsgehalt von Modelagenten in Paris ist nicht so hoch wie manche glauben.

Zwischendurch ist die Rue Etienne Marcel auch super für einen kleinen Kaffee. Ich empfehle Lokale wie das »Café Etienne Marcel«, das die Costes-Brüder aufgemacht haben. Die sind durch *Hotel Costes*-CD bekanntgeworden, tolle Loungemusic aus dem gleichnamigen Lokal in der Rue St.-Honoré, und das »Café Etienne Marcel« ist genauso wie man es von ihnen erwarten darf: extrem stylish.

Danach: Boulevard Haussmann. Da findet man vieles, und auch »H&M«. Nicht, dass man unbedingt nach Paris fahren müsste wegen

»H&M«, aber manches gibt es dort früher als anderswo. Als Karl Lagerfeld oder Viktor & Rolf ihre Linien für »H&M« entworfen haben, haben die Leute dort vor der Tür übernachtet, einfach, weil hier die Stücke zuerst zu haben waren. Wenn ich unbekanntere Designer suche, Neuheiten, gehe ich in die »Galeries Lafayette Haussmann« am Boulevard Haussmann. Selbst, wenn man dort mal nichts findet, ist das Haus einfach umwerfend. Rein optisch ist das wie der Zeitsprung zurück ins 19. Jahrhundert, viel Glas, viel Eisen, das ist wie ein großes Opernhaus für Mode.

Zum Abschluss ganz hervorragend ist natürlich die Avenue Montaigne. Da sind die Shops von »Louis Vuitton«, von »Gucci«. Die ganz großen Namen. Und zwischendrin ein wunderhübsches Lokal, so, wie man es sich in Frankreich vorstellt, »L'Avenue«, mit einem kleinen Außenbereich und Bistrotischchen, eine ganz ausgezeichnete Adresse, sowohl für einen Kaffee, aber auch zum Essen, vor allem, wenn man schon mächtig Hunger hat und was in der Nähe sucht. Wenn Sie etwas mehr Zeit haben, gibt's für mich aber nur eine richtig hammerartige Adresse: Das »Georges«. Das »Georges« ist oben auf dem Dach des Centre Georges Pompidou. Wunderschöne moderne Innenarchitektur, bizarr, minimalistisch, man glaubt es nicht, wenn man nicht selbst drin war. Und dazu gibt's gratis den atemberaubenden Blick über die Stadt. Kein Wunder, dass Sie besser vorher reservieren lassen, obwohl der Laden wirklich riesig ist.

Eine Bitte: Machen Sie nicht alles zu Fuß, obwohl Paris zu Fuß wirklich wunderschön ist. Und vergessen Sie um Gottes willen das Auto. Nutzen Sie die Metro. Damit Sie in den Shops auch noch gucken können.

Ein Job, den niemand haben will

In den Schulferien habe ich zusammen mit Wafa für eine Cateringfirma gejobbt, die eine große Fluggesellschaft belieferte. Wenn Sie schon mal geflogen sind und morgens, mittags oder abends eines von diesen Tabletts hingestellt bekommen haben, ein Brötchen, ein Tütenbesteck, ein Joghurt, Pfeffer, Salz, ein Schälchen mit zwei Blatt Salat unter einer Tomate, dazu Marmelade – denken Sie dran: Ich war mal einer von denen, die diese Dinger zusammengestellt haben.

Eigentlich war's ein Alptraum. Es war das erste Mal, dass ich mitbekam, wie hässliche Arbeit aussieht. Und im Nachhinein finde ich fast, man sollte jedes angehende Model da eine Woche hinschicken, dann würden die Diskussionen von wegen »Warum soll ich dies machen?« oder »Warum soll ich freundlicher sein?« oder Ähnlichem erheblich kürzer werden. Man könnte dann nämlich einfach sagen: »Damit du deine Miete nicht eines Tages mit den beschissenen Drei-Tages-Schichten beim Catering verdienen musst.«

Drei-Tages-Schichten bestehen aus: Einmal Frühschicht, einmal Spätschicht, einmal Nachtschicht. Und dann das Ganze wieder von vorn. Salat, Brötchen, Besteck. Halt, ich hab das Erfrischungstuch vergessen. Eine Tomate, zwei Blatt Salat. Anfangs denkt man, dass man vielleicht ein bisschen Abwechslung reinbringen könnte, indem man versucht, Salat und Tomate originell anzuordnen. Dann merkt man, dass man überhaupt nicht so viele unterschiedliche Dinge in die Hand bekommt. Man ist nur der, der die Tomate reinlegt. Oder der, der in eine Schachtel greift und ein Stück Butter aufs Tablett legt. Haben Sie schon mal acht Stunden lang immer nur ein Stück Butter auf ein Tablett auf einem Fließband gelegt? Eine niemals endende Reihe von Tabletts fährt an Ihnen vorbei, und alles, was Sie tun, ist Butter drauflegen, Butter und noch mal Butter. Aber am Ende einer Schicht ist einem sowieso alles egal. Da will man dann nur noch ins Bett und träumt von Bergen von Brötchen und Salatwäldern. Und dann steht man wieder auf und fängt wieder an. Ich hatte dort allerdings zugegebenermaßen nicht aus Begeisterung angefangen, sondern weil ich gehört hatte, dass Beschäftigte dort für zehn Prozent des Normalpreises fliegen durften. Das stimmte auch, allerdings leider nur, wenn man mindestens ein halbes Jahr dort arbeitete. Und das war beim besten Willen nicht auszuhalten.

Es wäre vielleicht angenehmer gewesen, wenn man ein wenig dabei hätte plaudern können, es war ja wirklich keine geistig soo herausfordernde Tätigkeit. Doch die Belegschaft bestand zu über 90 Prozent aus Ausländern. Die kamen von überall, wirklich überallher, und sprachen kein Wort Deutsch außer »Tomat«, »Salat«, »Brotschen«, »Bschteck«. Die waren wahrscheinlich auch nicht zum Deutschlernen hergekommen, sondern wegen der billigen Flüge in ihre Zehntausende von Kilometern entfernte Heimat.

Die Folge war, dass nach wenigen Tagen der Schichtleiter zu Wafa und mir kam und fragte:

»He, ihr! Könnt ihr Deutsch?«

»Klar«, sagten wir, »notfalls sogar Hessisch. Warum?«

»Dann seid ihr jetzt Vorarbeiter.«

Damit änderte sich unsere Aufgabe entscheidend. Wir wurden an das Ende der Bänder gestellt, und dort mussten wir mit einem Blick die immer wieder genau gleiche Komposition von Salat, Butter, Brötchen, Besteck kontrollieren. Und man durfte die Geschwindigkeit des Bandes nach Bedarf verändern. Wafa hat dann gern mal das Tempo ein bisschen raufgedreht.

Die Vorarbeiter: Wafa und ich, 2009.

Nur einmal habe ich einen noch aufregenderen Sonderauftrag bekommen. Ich wurde in die Küche geschickt und sollte Lachs braten. Endlose Reihen von Lachsportionen auf der größten Bratfläche, die ich je gesehen habe. In einer Mörderhitze. Acht Stunden. Als ich heimkam, dachte ich, ich wäre selbst ein Lachs.

Angenehm war, dass man sich in den Pausen mit dem Business-Class-Essen verpflegen durfte. Und ich muss schon sagen, dass die bei einigen Fluglinien ziemlich gute Kuchen haben – ich hab damals derart zugenommen, das war nicht mehr feierlich.

Einmal während der Nachtschicht kam der Schichtleiter zu uns und fragte: »He, ihr, was ist – habt ihr Lust zu fliegen?«

Wafà und ich sahen uns an und fragten:

»Wie – fliegen?«

»Fragt nicht so blöd. Habt ihr Lust oder nicht?«

Also nickten wir, und er ging wieder. Fliegen klang immer gut. Wir wussten nur nicht genau, wohin und was. Vielleicht irgendwelche Salattablettcontainer nach Holland? Vielleicht sollten wir mit in die Alpen, wo 80 Tonnen Butterportionen auf uns warteten?

Zwei Stunden später kam der Schichtleiter wieder zu uns und sagte: »Geht mal mit.« Er packte zwei Tüten randvoll mit Erster-Klasse-Tabletts. Und dann liefen wir los.

Über das komplette nächtliche Flughafengelände, durch verwaiste zugige Hallen, es war seltsam und hatte irgendwas Verbotenes. Aber wie hätte es auch anders sein sollen? Wenn dein Chef neben dir mit zwei geklauten Tüten Fressalien durch den Flughafen schlurft, kann eigentlich nie was Erlaubtes dabei rumkommen.

Wir kamen an eine Halle mit einem Pförtnerhäuschen.

»Die zwei wollen fliegen«, sagte der Schichtleiter, »und dir hab ich was mitgebracht.«

Damit übergab er die Tüten. Der Typ in der Pforte nickte und sagte: »Na, dann kommt mal mit.«

Und dann brachte er uns zum Flugsimulator. Mit dem haben uns die beiden ein bisschen durch die Gegend fliegen lassen. Ich durfte in Oslo landen – da waren sämtliche Bildschirme weiß, weil's total verschneit war. Ich hab überhaupt nichts gesehen und verheerend abgeschnitten. Ich bin über die Landebahn geschlittert, habe die Maschine zum Schwanken gebracht wie besoffen, bin in den Tower reingesaust, unterm Strich habe ich drei grundsolide Crashs hingelegt. Und Wafa hat sich schiefgelacht, bis sie ihn Rio de Janeiro haben anfliegen lassen. Erst hat er noch gegrinst, weil da wenigstens nicht alles verschneit war, aber dafür haben sie ihn nachts fliegen lassen. Doch so lustig das auch war, ich hatte nicht das Gefühl, ich müsste wegen der Ausflüge im Flugsimulator den Job länger machen als nötig.

Denn tatsächlich war das Umfeld unglaublich deprimierend. Die Menschen, deren Vorarbeiter wir so schnell geworden waren, haben dort teilweise seit 20 oder 25 Jahren gearbeitet. Und seither waren sie in ihrem Leben nicht einen Meter vorangekommen. Da arbeitete ein steinalter Türke, mit dem war eine Verständigung praktisch unmöglich. Und eine Perspektive hatten diese Menschen nicht. Es war klar, sie würden dort so lange sitzen und Butter auf Tabletts legen, bis sie eines Tages entlassen oder verrentet wurden.

Und von dem Land, von den Menschen um sie herum würden sie dann noch immer nicht einen Hauch mitbekommen haben.

Allerdings kam mir am Ende meiner Zeit beim Flugzeug-Catering nicht diese Einsicht, sondern eine andere: Mir war mehr denn je klar, dass ich alles, wirklich alles dafür unternehmen würde, um nicht in einem solchen Job zu enden. Was mir übrigens ganz nebenbei auch einen unglaublich stolzen Vater beschert hat. Gut, er hatte für mich nie einen Job als Modelmacher im Auge, das war für ihn wohl vom Ansehen her nicht weit weg von meinem Job als Fluggastfütterer, und er hätte es wesentlich lieber gesehen, wenn ich so was wie Arzt oder Anwalt geworden wäre. Aber heute hat er meine Arbeit akzeptiert. Er hat gesehen, dass ich nicht ganz falsch lag, auch wenn er das natürlich nie zugeben würde. Aber irgendwann konnte er es auch nicht mehr verbergen. Der Moment, in dem man ihm sein Einverständnis angesehen hat, war beim Finale der zweiten Staffel von *Germany's Next Topmodel*. Mein Vater war mit meiner Mutter gekommen und mit Omid. Sie saßen praktisch in der ersten Reihe. Ich war selbst noch immer ziemlich nervös, aber ich war nicht so nervös, dass ich nicht Zeit gefunden hätte, ein bisschen nach ihnen zu sehen. Meine Mutter saß da wie eine Königin in der Theaterloge. Doch dass sie mit Leib und Seele mitfieberte, wusste ich ja. Sie verfolgt von Beginn an jeden Schritt meiner Karriere, und ihr geht jedes Mal das Herz auf, wenn ich eine weitere Sendung mache, wie die *Model-WG* – wenn es nach ihr ginge, müsste ich vermutlich das komplette Programm von ProSieben bestreiten, inklusive aller Sitcoms und aller Wiederholungen. Ich glaube, sie gibt sogar vor ihren Freundinnen ein bisschen mit mir an, wie das Mütter eben manchmal so machen. Aber das Überwältigendste für mich war, meinen Vater zu sehen: Er strahlte über das ganze Gesicht, er glühte vor Freude wie ein Leuchtturm. Und ab diesem Augenblick wusste ich, dass in der Sendung einfach nichts mehr schiefgehen konnte.

Mein Rain Man

Es ist seltsam, wenn man mit einem behinderten Menschen zusammenlebt. Seltsam deshalb, weil es für einen selbst so normal ist – und weil man an den Reaktionen der anderen immer wieder merkt, dass für sie dasselbe offenbar eben nicht normal wäre. Manche sagen: »Toll, wie du dich um deinen Bruder kümmerst.« Oder sie sagen: »Ist das nicht anstrengend?« Was im Grunde immer auch ein bisschen so klingt, als handele es sich bei Omid nicht um meinen großen Bruder, sondern um eine demente Rentnerin aus der Nachbarschaft. Und das klingt wiederum – vielleicht sogar ohne dass die Leute es so sagen wollen –, als wäre jede Stunde, die ich mit Omid verbringe, eigentlich mehr so eine Art Zivildienst, zu merken an Fragen wie: »Nicht wahr, Sie sind dann auch ganz froh, wenn Sie dienstfrei haben und wieder nach Hause dürfen?« Aber ehrlich gesagt muss ich mich immer extra konzentrieren, um mir Omids Behinderung überhaupt bewusst zu machen. Sie fällt mir im Alltag kaum auf. Das ist für Außenstehende vielleicht schwer nachvollziehbar. Aber mir fällt zum Beispiel nicht mehr auf, dass ich für Omid nicht Peyman heiße.

Für Omid heiße ich »Idscha-Gnn«. Das »g« kommt dabei tief hinten aus dem Kehlkopf, ganz schwer zu beschreiben, ich

Herzliche Gratulation: Wafa, ich, Omid und Babba (v. l.) an meinem Geburtstag in Eschborn.

müsste es Ihnen laut vorsprechen. Mein Bruder Wafa heißt für Omid auch nicht Wafa, sondern »Gnn«. Die Bedeutung dieser Namen kenne ich nicht, niemand kennt sie, sie sind auch nicht etwa Persisch oder interne Spitznamen, das ist überhaupt keine Sprache, das sind seine eigenen Worte aus seiner eigenen Sprache. Mein Vater ist für ihn »Üma«, nur meine Mutter ist für ihn »Mama«, und bei der Aussprache tut er sich ziemlich schwer. Warum er uns diese Namen gegeben hat, weiß niemand, nur, dass wir für ihn schon immer so heißen. Und wir wundern uns darüber genauso wenig, wie Sie sich noch wundern, wenn Ihre beste Freundin Sie mit Ihrem Spitznamen anredet. Unter Ihnen beiden ist dann der Spitzname völlig normal, und nur, wenn sich bei Ihnen jemand Neues an den Tisch setzt, dann fragt der vielleicht: »Sag mal, wieso nennt die dich Knöllchen?« Und solange bei uns niemand Neues dazukommt, sind »Idscha-Gnn«, »Gnn« und »Üma« genauso normale Namen wie Peyman, Wafa und Babba.

Vermutlich fällt es uns auch deshalb kaum noch auf, weil Omid ja überhaupt immer in seiner eigenen Sprache spricht. Was merkwürdig ist, weil er keine besondere Sprachbehinderung hat, er versteht alles, was man ihm sagt, Deutsch, Persisch, gar kein Problem – aber er spricht keine der beiden Sprachen. Omid spricht omidisch, und eine Unterhaltung mit ihm kann man mit einem dauernden Quiz vergleichen. Er zeigt viel mit den Händen, er macht viele Geräusche, es ist, als würde er einen Comicstrip erzählen. Und wenn er fertig erzählt hat, dann beginnt man zu raten. Am sinnvollsten sind Fragen, die man mit »Ja« oder »Nein« beantworten kann.

»Waren da zwei Leute?«

»Kennen die sich?«

»Haben die gestritten?«

Und Omid nickt und strahlt, sobald man richtigliegt. Dann leuchten seine Augen auf und er lacht. Ich finde das dann natürlich auch prima und rate weiter. Unsere ganze Familie ist im Raten inzwischen absolute Weltklasse. Und wenn man sich das klarmacht, dann versteht man wahrscheinlich auch leichter, dass ich mit Omid genauso gut einen prima Abend haben kann wie mit Wafa. Ich muss mit ihm

Im Partnerlook: Omid und ich synchron bebrillt. 2009 habe ich meine Augen lasern lassen.

halt andere Sachen unternehmen. Mit Wafa oder mir geht man ja auch nicht zu den Heimspielen von 1860 München, sondern zu denen vom FC Bayern. Und mit Omid kann man gut ins Kino gehen.

Er liebt Actionfilme. Und er liebt Horrorfilme. Fragen Sie mich nicht, wieso, das ist so. Es geht ihm nicht um die Splatterliga, bei der man eine Strichliste führen kann, wie viele abgeschlagene Köpfe durch die Gegend rollen, sondern eher um Filme wie *Der Ring*, *Ich weiß, was du letzten Sommer getan hast*, so was in der Art. Und dann sitzt er vor dem Fernseher, freut sich wie ein Schneekönig und ärgert sich zugleich, weil irgendeine Blondine wieder mal mitten in der Nacht mutterseelenallein durch einen schaurigen Wald spaziert oder auf einen Bootssteg, unter dem schon der Nebel hervorwabert. Dann schlägt er sich zornig auf die Schenkel und schüttelt den Kopf über so viel Dummheit, schließlich hat er schon genug Horrorfilme gesehen, um zu wissen, was üblicherweise in einsamen Wäldern oder auf nebeligen Bootsstegen passiert, sobald sie im Film auftauchen. Wie beim Tatort auch, wenn die Drehbuchautoren die Spannung wieder mal zu plump erhöhen. Deutsche Krimis liebt er fast noch mehr als Horror: *Der Alte*, *Derrick*, *Polizeiruf 110*, *Ein Fall für zwei*; Omid kennt sie alle. Deswegen war er auch so irritiert, als er plötzlich selbst bei der Polizei saß.

Er war mit meiner Mutter unterwegs. Sie wollte mit ihm in die City fahren, und als sie kurz nicht aufgepasst hat, ist er in die falsche S-Bahn eingestiegen. Die Tür ging zu, Omid war drin, und meine Mutter draußen und völlig entsetzt. Sie hat meinen Bruder Wafa angerufen, der sofort die Polizei alarmierte, sich ins Auto gesetzt hat und sämtliche S-Bahn-Stationen abgeklappert hat, für den Fall, dass Omid da vielleicht ausgestiegen wäre. Dann endlich hat Wafa ein

Anruf der Polizei erreicht, dass sie Omid gefunden hatten und er ihn abholen könnte, ein bisschen wie bei einem verlorenen Kind im Einkaufszentrum. Und auf der Polizeiwache saß er dann tatsächlich, ganz still und auch ein wenig beunruhigt, denn aus den TV-Krimis kannte er ja die Polizei. Was ihn dabei irritiert hat, war, dass sich in der Obhut der Polizei normalerweise die Bösen befinden – und jetzt eben er selbst –, obwohl ihm nicht so recht klar war, was er Böses getan haben könnte.

Erst, wenn so etwas passiert, was selten genug der Fall ist, wird mir wieder richtig deutlich, dass Omid tatsächlich anders ist, auch, weil er uns oft auf seine Art erstaunlich ähnelt. Das merkte ich, als ich für die Interviewsendung mit Markus Lanz Omid das erste Mal wieder seit einiger Zeit bei seiner Arbeit besuchte, in den Praunheimer Werkstätten. Ich war bis dahin nie dazugekommen, und es hat mich natürlich auch bis dahin nie so richtig interessiert, ich sehe mir ja auch Wafas Büro nicht dauernd an. Aber als ich dort war, war ich wirklich beeindruckt. Nicht von Omids Arbeit, das meine ich nicht, das sind einfache Dinge, die er da zusammenbaut, ganz einfach Dinge, natürlich. Aber mir war nicht klar, wie ernst er seine Arbeit nimmt. So ernst wie Wafa seine, wie ich meine. Da macht er keine Witze, ist ganz konzentriert, und wenn ihm jemand einen Auftrag gibt, dann will er ihn auch erfüllen. Das ist ganz anders als zu Hause, wo er sich auch schon mal helfen lässt oder schnell aufgibt, wenn etwas nicht klappt. In seinem Job probiert er's wieder und wieder, bis es hinhaut. Omid will gute Arbeit leisten, da versteht er absolut keinen Spaß.

Denn Omid ist nicht dumm. Da muss man aufpassen: Menschen mit Down-Syndrom sind nicht dumm, sie sind nur langsamer als andere Menschen, was das Aufnehmen und Verarbeiten von Informa-

Omid und ich in Köln bei der After-Show-Party der zweiten Staffel von *Germany's Next Topmodel*, 2007.

tionen angeht. Und wie man anhand seiner Reaktionen über Blondinen im Wald leicht erkennen kann, weiß er zum Beispiel auch ganz genau, was auf dem Bildschirm und auf der Leinwand vor sich geht. Omid weiß, wo ich wohne, auch wenn er nicht allein hinfinden würde. Er weiß, was ich tue, wenn auch auf seine besondere Art. Wenn man ihn fragen würde, was ich arbeite, würde er seine Lippen spitzen und Kussgeräusche machen, schmatz-schmatz-schmatz, so etwa; was für ihn bedeutet, dass ich mit lauter hübschen Frauen zu tun habe. Stimmt auch. Omid verarbeitet unsere Welt zu einer sehr vereinfachten Version. Und weil das zwar zum Begreifen ganz gut klappt, aber nicht zum Bewältigen, muss man auf ihn aufpassen.

Als Wafa und ich noch zu Hause wohnten, haben wir uns diese Arbeit immer geteilt. Wir haben abwechselnd aufgepasst, dass er badet, wir sind zu Hause geblieben, wir haben ihn mitgenommen. Das war in der Pubertät ehrlich gesagt nicht immer leicht. Wenn man so viel mit sich selbst zu tun hat, wenn man langsam erwachsen wird und cool vor seinen Kumpels dastehen möchte, und dann einen Bruder hat, der für andere Menschen im Allgemeinen und andere Kumpels im Besonderen definitiv nicht cool aussieht, ist das nicht leicht. Und ich war damals auch nicht immer begeistert von der Aussicht, meinen Bruder hüten zu müssen. Heute bin ich dankbar für die Erfahrung. Ich habe gelernt, dass es Dinge gibt, vor denen man einfach nicht weglaufen kann. Oder anders gesagt: Man konnte sich vielleicht schicke Turnschuhe kaufen, um lässiger dazustehen, aber kein Paar Turnschuhe konnte mich von der Aufgabe befreien, hin und wieder auf meinen Bruder aufpassen zu müssen, also hatte ich verdammt nochmal damit klarzukommen. Also war, wenn wir Freunde zu uns eingeladen hatten, Omid immer mit dabei. Und die Jungs haben ihn stets akzeptiert, so, wie er war. Ich glaube nicht, dass das irgendeinem von uns geschadet hat, ganz im Gegenteil. Kinder müssen lernen, dass es Aufgaben gibt, Pflichten, die man sich nicht selbst aussucht, die man deshalb hat, weil man mit ande-

Urlaub in Südfrankreich: Mit Omid 1983 am Strand bei Nizza, zu Besuch bei unserem Großonkel.

Mit Omid beim Finale der zweiten Staffel von *Germany's Next Topmodel*, 2007.

ren Menschen zusammenlebt.

Das sind Aufgaben, die einem das Leben stellt, und die manchmal auch etwas leichter werden: Omid wird auch heute noch selbstständiger, aber eben langsamer als andere.

Letztlich kann und wird einen der Umgang mit Behinderten schulen. Man lernt, Geduld zu haben und zu erkennen, dass man von einem Menschen nicht erwarten kann, was er nicht zu leisten imstande ist. Und das gilt ja nicht nur für offensichtlich Behinderte, das gilt ja für uns alle, inklusive mich selbst. Man ist, wie man ist. Ich bin ja auch nicht in der Lage, mich endlich mal in den Arsch zu treten und mir einen neuen Steuerberater zu suchen. Ich hasse Papierkram, ich hasse es, mein Geld zu verwalten, mir Gedanken über Einwohnermeldeämter und den TÜV zu machen, und ich weiß doch ganz genau, wie froh ich wäre, wenn ich den Kram vom Tisch hätte. Aber ich schiebe den ganzen Formular-Wirrwarr vom nächsten Tag auf den übernächsten und den überübernächsten und auf den ersten Tag nach dem Urlaub … Da ändere ich mich vermutlich auch nicht mehr.

Es gibt bei jedem Menschen Dinge, die kriegt er nicht in den Kopf. Das ist nicht unbedingt gewollt von ihm, das macht er auch nicht, um anderen Menschen auf die Nerven zu gehen oder sie zu ärgern, das geht da einfach nicht rein, so wenig wie ein Blauwal in eine Besenkammer. Da wäre es ja auch albern, wenn ich sagen würde: »Schuld daran ist die Besenkammer.«

Heute lebt Omid bei meinen Eltern. Wafa und ich entlasten sie, wenn wir mal zu Hause zu Besuch sind. Und natürlich mache ich mir Gedanken um die Zukunft. Seine, ihre, unsere. Meine Eltern sind jetzt um die 70 Jahre alt, und sie werden nicht unbedingt fitter. Aber was immer auch kommt: Ich bin sicher, wir werden eine Lösung finden, die die Familie zusammenhält.

Praktikant auf dem Absprung

Ich fing an, Betriebswirtschaftslehre zu studieren. Das nennt man ja auch den »Studiengang der Ratlosen«, und da ist schon was dran. Mit BWL macht man normalerweise nichts falsch, aber es ist selten eine Entscheidung aus Leidenschaft. Ich kenne niemanden, der von seiner BWL-Studienzeit schwärmt. 1993 habe ich nach vier Semestern mein Vordiplom abgeschlossen und dabei verschiedenste Seminare belegt. Ich kann mich noch an verschiedene Vorlesungen erinnern, eine zum Thema »Standardisierungseffekte«. Also: Wie und warum setzen sich bestimmte Systeme durch und warum nicht? Warum hatten wir alle VHS-Videokassetten und nicht Betamax? Warum sehen unsere Telefonkarten im Handy aus, wie sie aussehen? Wir saßen vor Bildschirmen und simulierten den Kauf von etwas, das in zwei Sorten erhältlich war. Wir haben beobachtet, wie die Entscheidung fiel, im Grunde versuchten alle, zu ahnen, was die anderen machen würden, und es war genauso öde, wie es sich hier liest. Ich saß da, langweilte mich und überlegte, ob das meine Aufgabe sein würde für den Rest meines Lebens: Raten, was andere Leute wohl kaufen wollen. Und darauf hatte ich absolut keine Lust. Denn das war noch die spannendste meiner Vorlesungen. Ich wollte irgendwas tun und keine

Bücher mehr wälzen. Also suchte ich mir ein Praktikum. Das Problem war: So als Student kann man theoretisch ja eine Menge – aber praktisch kann man halt erstmal noch nix.

In meiner Ratlosigkeit kam mir die neue Ausgabe des *Prinz* gerade recht. Der *Prinz*, Frankfurts Stadtillustrierte, warb zufällig mitten in meiner größten Frustphase mit der Schlagzeile »202 interessante Jobs!« Also dachte ich mir: »Nimmste die mal beim Wort.« Und griff zu. Die Auswahl war wirklich ansprechend. Regisseur, Kameramann, Designer, Produktionsleiter, alles war drin, und jeder einzelne Job war spannender als Betriebswirt. Und unter anderem stand drin: Modelagent. Der sprang mir direkt ins Auge. Es hatte was mit Mode zu tun, es hatte was mit Mädels zu tun, und es war eine richtig präzise Aufgabe. Es hatte ein bisschen Glanz, es klang wie keiner der Jobs, die ich bisher gemacht hatte. Darunter stand die Adresse der Agentur »Frankfurt One«, damals noch in Königstein, später dann im Westend. Ich meldete mich. Und ich bekam die Stelle.

Die Agentur war klein, als ich anfing gab es zwei Festangestellte, eine Chefin. Und ich war ein richtiger Praktikant. Ich kriegte zunächst kein Telefon in die Hand, ich habe Zeitungsausschnitte abgelegt. Werbeanzeigen, Erwähnungen unserer Models, ich war sozusagen für das Archiv zuständig. Daneben durfte ich die Sedkarten zusammenstellen, die Rolodex, diese drehbaren Visitenkartenhalter bestücken, all solchen Kleinkram. Ich habe Kopien gemacht, und auch, wenn ich mich nicht daran erinnere, kann ich nicht ausschließen, dass ich hin und wieder auch mal den Kaffee fürs Büro gekocht habe. Ich fand das alles ganz normal und finde es auch heute noch. Ich verstehe, dass sich viele Praktikanten beschweren, wenn sie über Jahre hinweg für billigstes Geld nahezu vollwertig arbeiten müssen, aber manchmal, denke ich, kommen die Klagen auch zu früh: Man muss die Grundlagen beherrschen, das Handwerk. Was auf eine Sedcard gehört, welche Informationen für eine Agentur interessant sind und auch, wie sehr sich Menschen im richtigen Moment über guten Kaffee freuen. Das ist wie in der Szene in Quentin Tarantinos *Pulp Fiction*, in der Mr Wolf in höchster Not gerufen wird, um eine Leiche verschwinden zu lassen: Wolf kommt, er sieht sich die Lage vor Ort an und bittet dabei um eine Tasse Kaffee. Er bekommt den Kaffee, kostet ihn und dann nickt er überrascht, anerkennend, und absolut erfreut. Guter Kaffee kann für die Stimmung eines Mitarbeiters oder eines Teams wichtiger sein als eine Gehaltserhöhung. Und vor allem ist er schneller verfügbar.

Ich war auch nie einer von denen, die unbedingt den dritten Schritt vor dem ersten machen wollten. Ich habe es noch nie gemocht, Zusagen zu machen, die ich dann vielleicht nicht halten kann. Also taste ich mich immer langsam in einen Job hinein. Wenn Schritt A klappt und Schritt B, dann werde ich auch Schritt C hinkriegen. Und deshalb hätte ich mich auch damals nicht hingestellt und behauptet: »Ich kann alles, gebt mir eure Stars und überhaupt bin ich zu gut für diesen Laden.« Das ist auch der Grund, weshalb ich es bei den Castings für die Staffeln von *Germany's Next Topmodel* immer mit Interesse sehe, wenn Kandidatinnen extrem selbstbewusst auftreten, so, als hätten sie keine Hilfestellung oder keinen Tipp mehr nötig. Manche von ihnen können manches ein bisschen, manche können manches nicht und manche können schlichtweg überhaupt nichts – aber ich habe noch keine dieser Kandidatinnen gesehen, die ihr Auftreten dann mit Taten hätten untermauern können. Es haben sich letztlich immer die durchgesetzt, die erst geguckt, dann gelernt, dann das Gesehene und Begriffene umgesetzt haben.

Nach einiger Zeit durfte ich dann meine ersten Buchungen machen, aber das Ganze spielte sich auf einem wirklich niedrigen Level ab. Buchungen für Strickmusterzeitschriften, für Kundenzeitschriften, für kleine Annoncen von Supermärkten, wie die *Bäckerblume*, regionale Publikationen wie *Prinz* oder *Frankfurt Journal*, oder für Musikvideos oder Werbekampagnen für Biersorten. Der Markt war winzig klein, das waren Tagesgagen von maximal 1000 Mark, und man hatte auch nicht jeden Tag eine Buchung. Unser namhaftestes Model in der Kartei war Dana Carlson, die dann die Frau von Til Schweiger wurde. Drei Jahre lang habe ich dort gearbeitet, dann wollte ich weiterkommen. Ich hatte zudem nicht den Eindruck, dass die Agentur so richtig vorwärtskommen wollte. Die Mannschaft hatte sich in den drei Jahren, in denen ich da war, nicht vergrößert. Ich verfolgte ja noch immer die Welt der Modezeitschriften, ich sah, was da für Kunden saßen, die aufwendigen Bilder, das waren andere Produktions- und Werbebudgets als bei uns, und das war die Welt, in der ich mitspielen wollte.

Heiko, unser Headbooker, der den Laden eigentlich tatsächlich geschmissen hatte, hatte die Agentur verlassen. Also fragte ich ihn, was ich am besten als nächsten Schritt unternehmen sollte. Und ich hoffte, er würde mich nach New York schicken. Aber Heiko sagte, dass New York ein zu großer Schritt sei. Und da hatte er Recht. Denn ich hatte mich bereits in New York beworben und war solide auf die Nase gefallen.

Ich war im Auftrag von »Frankfurt One« nach Manhattan geflogen, Ende 1996. Ich sollte herausfinden, mit welchen Partneragenturen wir zusammenarbeiten könnten. Das machen viele Agenturen, es ist ja auch sinnvoll – man vergrößert damit seine Bandbreite. Man tauscht Models aus, bietet also Frankfurter Models in New York an und kann im Gegenzug auf New Yorker Mädchen in Frankfurt zugreifen. Aber für mich war diese Reise, meine erste nach New York überhaupt, eine gewaltige Chance. Und neben meinem Job dort habe ich mich vor allem auch erkundigt, welche Möglichkeiten ich selbst hätte. Immer, wenn ich unsere Models anbot, erzählte ich mehr oder weniger auffällig-unauffällig, dass ich in absehbarer Zeit gerne mal in New York arbeiten wollte und fragte, wie denn da die Einstiegschancen wären. Wer es wissen wollte, erfuhr ruckzuck von mir, dass New York für mich erste Wahl war. Und ich spürte jedes Mal sofort: Ich war nicht der Erste, dem diese brillante Idee gekommen war.

Denn in diesem Geschäft will beinahe jeder nach New York. Jeder versucht, Beziehungen spielen zu lassen oder wenigstens überhaupt erstmal welche zu bekommen. Es würde schwer genug werden, hier auch nur ein Vorstellungsgespräch zu kriegen. Und das galt doppelt und dreifach, wenn man aus Frankfurt kam. Im Vergleich mit New York hat es jede Stadt schwer, aber im Modebusiness ist Frankfurt von New York aus gesehen nicht viel glanzvoller als Wanne-Eickel. Das ist nicht schmeichelhaft, aber es ist einfach so. Aber wenn nicht New York in Frage kam, was dann? London?

Heiko riet ab. Dort sei die Szene zu schnelllebig, die Trends würden sich einfach zu rasch ändern, und damit auch die gefragten Models. London sei, als wolle man in einem Spiel mitspielen, dessen Regeln sich alle 14 Tage ändern würden – für Außenstehende schwer zu durchschauen und noch schwerer zu meistern. Heiko riet zu Paris.

Das fand ich auf Anhieb nicht so prickelnd. Und als ich einwand, ich könne allenfalls ein bisschen Schulfranzösisch, sagte er: »Mit Englisch kommst du ganz gut durch. Und das mit dem Französisch lernst du schon.« Also gab ich nach. Und ich tröstete mich, dass Paris auf jeden Fall das bessere Sprungbrett für New York werden würde.

Oh Mann, lag ich daneben!

The Making of: die Traumfigur

Idealfiguren sind eine Modeerscheinung. Es gab Zeiten, da war der Rubenstyp gefragt, heute ist er es weniger. Das Problem ist: Der vorherrschende Geschmack lässt sich zwar steuern, aber nicht beliebig. In den 80ern konnte man mit einer Serie wie *Baywatch* punkten, heute käme dieselbe Serie mit zwei Körbchengrößen weniger aus – weshalb eine solche Serie momentan vielleicht so gar nicht funktioniert und stattdessen dutzendweise Frauen in Kostümen in immer neuen CSI-Teams ermitteln. Schlank und sportlich zu sein ist heute einfach die Idealvorstellung, der sich auch Modeschöpfer anzupassen haben. Die Frage ist nur, in welcher Kleidergröße man diese Idealvorstellung auf die Laufstege und in die Kataloge bringt.

Man muss dafür nicht Größe 34 nehmen, aber Größe 36 halte ich auf jeden Fall für zumutbar. Viele halten das schon für extrem dünn, aber das muss es nicht immer bedeuten. Es gibt Mädchen, die haben Größe 36 und dennoch stehen weder an den Schultern noch den Hüften die Knochen raus. Man kann mit Größe 36 eine absolut gesunde, ordentliche Figur haben, aber das kann eben nicht jede Frau. Andere müssten für dieselbe Wirkung Größe 38 tragen. Hier endet aber die Aufgabe des Modeschöpfers, des Katalogkunden. Der eine stellt Prototypen vor, und die gibt es nun mal nicht in allen Konfektionsgrößen. Der andere hat mehrere Hundert Seiten Kollektion zu fotografieren, da gibt's jedes Kleidungsstück in einer Größe, und zwar in der, in der es am besten zur Geltung kommt. Und beide müssen sich darauf verlassen können, dass das Model in diese Größe passt. Das mag für kräftigere Models nicht immer günstig sein, aber im Prinzip ist diese Forderung absolut legitim.

Was passiert, wenn ein Model mal nicht in seine Kleider passt? Ich habe einmal für einen Auftrag eine junge Schwedin vermittelt, ein bekanntes, sehr erfolgreiches Katalogmodel, sie hat viel für »Elegance« gemacht oder auch für »Madeleine«. Wir hatten eine Anfrage für ein »Heine«-Shooting in Nizza, wir haben sie hingeschickt und nach dem ersten Tag bekamen wir sie postwendend zurück: Die Maße auf ihrer Sedcard entsprachen nicht mehr denen der Wirklichkeit. Sie hatte drastisch zugenommen, sie passte einfach nicht in die Klamotten. Und wir reden hier noch nicht einmal von Minikleidern, von Haute Couture, wir reden von Katalogkleidern, und die sind alles andere als extrem geschnitten. Wenn der Kunde erwartet, dass sein Model damit zurechtkommt, dann stellt er keine unverschämte Forderung, sondern eine banale: Diese Kleider sind genormt wie eine Einbauküche, wenn der gelieferte Kühlschrank dann nicht reinpasst, ist man zu Recht sauer. Und dann gibt es Ärger für alle. Denn dem Kunden waren ja Kosten entstanden: Flug, Hotel, die Suche nach einem neuen Model. Und diese Kosten wollte er zurück.

Was die Sache in diesem speziellen Fall heikel machte: Ich hatte an denselben Kunden auch Tyra Banks vermittelt, es war mein erster richtig großer Job, und der Kunde weigerte sich zu zahlen, bevor die Sache mit der Schwedin nicht geregelt war. Also biss ich in den sauren Apfel, in den Agenten immer wieder mal beißen müssen: Man sagt für den nächsten Job günstigere Konditionen zu. Das bedeutet: weniger Verdienst für alle Beteiligten.

Schlechte Laune bei allen Beteiligten, inklusive Model. Sehr verständlich. Sehr unerfreulich. Und den Hauptteil des Ärgers hat zunächst die Agentur. Denn das Model haftet nicht. Gut, mit seiner Karriere und mit deren Fortsetzung irgendwie schon, aber das sind natürlich eher langfristige Sicherheiten, denn niemand feuert ein Model nach dem ersten vermasselten Job, und, wenn das Model genug Potenzial hat, oft genug noch nicht mal nach dem zwölften. Mit Geld springt das Model jedenfalls nicht in die Bresche.

Ein Model muss also ins Kleid passen. Und wie ich oben erwähnt habe, gibt es durchaus Models, die sogar in extremere Größen passen, ohne ungesund auszusehen. Das kann an wirklich idealen, designergerechten Maßen liegen. Häufig genug liegt es aber auch am Alter. Der Trend geht derzeit zu extrem jungen Models, häufig aus Osteuropa, und während man da noch diskutieren kann, ob man mit 14, 15 Jahren schon alt genug ist, um durch die Welt zu reisen, ist die Figur oft kein Problem. Sie ist in diesem Alter und bei dieser Herkunft oft noch gar nicht richtig ausgeprägt. Schwierig wird es, wenn diese Mädchen erwachsen werden. Wenn die Natur versucht, das einstige Supermodel zur Frau reifen zu lassen. Man kann es akzeptieren, aber das fällt den wenigsten Models leicht. Sie wurden schließlich von den großen Modemachern zum Inbegriff der aktuellen Schönheit geadelt, kaum eine gibt diese Krone gerne freiwillig her. Und dann beginnen sie gegen die Natur um ihre Figur zu kämpfen. Sie wollen nicht aussehen wie eine 20-Jährige oder 25-Jährige. Sie glauben, den Körper einer 15-Jährigen zu brauchen, um ihre Karriere zu retten. Und dann beginnt das große Hungern. Oder es beginnt der Einsatz des *Magischen Fingers*.

Ein polnisches Model hat bei uns mal in kürzester Zeit wirklich dramatisch abgenommen. Das fällt auf, weil Abnehmen ab einem gewissen Gewicht gar nicht mehr so einfach ist. Vielleicht erinnern Sie sich an Joschka Fischer, unseren immer wieder mal joggenden Exaußenminister: Als der sich in Hochform lief, ging das anfangs auch rasant, da verliert man zehnpfundweise Gewicht. Aber je normaler das Körpergewicht ist, desto langsamer gibt der Körper davon etwas her. Models sind daher allesamt in der Langsam-Abnehm-Kategorie, gar keine Frage. Und wenn es bei ihnen trotzdem so schnell geht, dass man förmlich zusehen kann, dann gibt es nicht viel, was als Erklärung infrage kommt: Entweder plötzliche Sportsucht. Oder eine schwere Krankheit. Oder Bulimie. Ein deutliches Indiz für Letzteres ist der rote Zeigefinger.

Wenn der Zeigefinger ständig rot angelaufen ist, dann ist das ein Alarmsignal. Die meisten Menschen übergeben sich ja ungern und würden sich nie ständig dazu zwingen, daher wissen sie auch nicht, wie tief man den Finger in den Hals schieben muss, damit es wirklich klappt. Davon wird der Finger natürlich noch nicht rot – ich hatte zuerst angenommen, man würde ihn sich förmlich wund schieben, das ist natürlich unsinnig. Aber als normaler Mensch kommt man gar nicht so leicht auf die tatsächlichen Zusammenhänge, auch ich habe eine kleine chemische Nachhilfestunde von meiner einstigen Chefin gebraucht, um zu verstehen, was der Finger mit Magersucht zu tun hat: Wenn man nicht schnell genug reagiert, kommt der Finger mit Erbrochenem in Kontakt und damit mit der Magensäure. Ohne zu sehr ins Detail gehen zu wollen: Magensäure ist extrem aggressiv.

Magensäure ist nichts anderes als eine verdünnte Version von Salzsäure. Und wenn der Finger damit in Kontakt kommt, fängt er zwar nicht an zischend zu rauchen, aber man sieht es dennoch. Verhindern lässt es sich nicht. Denn zuerst kommt die Magensäure, dann kommt der Mageninhalt, den das Model eigentlich loswerden will. Man braucht also einige Versuche, etwas Übung, und das Ganze ist so unappetitlich, wie es sich hier liest. Ich war nie dabei, Gott sei Dank, und wenn ich es miterlebt hätte, ich weiß nicht, was ich dem Model dann gesagt hätte, aber freundlich wäre es garantiert nicht gewesen. Wir haben das Model mit dem roten Finger damals zur Seite genommen, haben ihr gesagt, dass wir uns Sorgen machen und dass sie mit dem Blödsinn aufhören muss. Und so sehr ich hoffe, dass mahnende Worte helfen – sie können es eben nicht immer.

Man muss dabei auch den sozialen Hintergrund dieser Models berücksichtigen. Sie kennen vielleicht aus *Germany's Next Topmodel* die immer wieder auftretenden Szenen der Verzweiflung, wenn der Traum von der Modelkarriere platzt. Oft schon in der ersten Folge, wo wir die Mädchen zu Tausenden unter die Lupe nahmen. Diese Verzweiflung ist nichts im Vergleich zu den Szenen, die sich derzeit häufig in Osteuropa abspielen. Ich selbst war nicht dabei, aber Jeni Rose, die »IMG«-Chefscouterin hat sie mir lebhaft geschildert. Denn um dem Trend zu folgen, grasen die Scouts auch das kleinste Dorf in Polen, Litauen, Weißrussland ab. Dort leben Mädchen an und unter der Armutsgrenze, für sie ist der Besuch des Scouts eine einmalige Chance, und zwar nicht nur eine einmalige Chance auf den Traumberuf, sondern eine Chance, um dem ganzen grauen Beinahe-Elend um sie herum zu entkommen. Diese Mädchen sind entschlossen, ihre Chance zu nutzen, und wenn sie sie bekommen, wenn es klappt, werden sie alles Menschenmögliche tun, um diesen Wohlstand zu verteidigen. Und wenn man ihnen nicht zur Hilfe kommt, wenn man sie nicht davon abhält, dann kämpfen sie dafür bis zum Erbrechen – im wahrsten Sinne des Wortes. Diesen Mädchen hilft es dann nichts, auf die absolut zufriedenstellenden Verdienstmöglichkeiten im Kataloggeschäft zu verweisen – sie halten den Abschied vom Laufsteg für einen Abstieg, und hinter jedem Abstieg lauert bei vielen von ihnen die nackte Angst vor der Armut, die Angst, den mühsam erreichten Wohlstand zu verlieren. Das ist mit dem Kopf nicht mehr zu erklären, das sind einfach vom Leben geprägte Urängste, die nur sehr schwer zu überwinden sind.

Wenn Hungern nicht das Mittel der Wahl ist, was dann? Wenn Models mich fragen, empfehle ich ihnen meist einen Ernährungsberater. Und ich sage ganz ehrlich: Das empfehle ich, obwohl es für mich keine Lösung wäre. Ich selbst mag mir nämlich den Spaß am Essen nicht nehmen lassen. Ich esse gern, ich will abends eine Tüte Gummibärchen in mich hineinschaufeln können, ohne mir Sorgen zu machen. Ich esse gerne Chips, ich esse gerne Nudeln. Aber ich bin erstens auch kein Model. Und zweitens bin ich einen Deal eingegangen. Mein Deal heißt Sport. Ich laufe, damit ich essen kann, was ich mag. So einfach ist das, und wenn ein Model diesen Weg einschlagen will – nichts lieber als das. Dann pfeifen wir zu zweit auf den Ernährungsberater. Aber nicht viele Models sind dazu bereit.

Denn Sport erfordert Disziplin. Jeden Tag zehn Kilometer zu laufen, auch wenn man's nicht bei Wind und Wetter macht, sondern so, wie ich zu Hause auf dem Laufband, dazu muss man sich treten. Dazu habe auch ich nicht immer Lust. Aber dafür kann ich eben auch im Vorbeigehen eine Schachtel Lebkuchen essen, mit Zuckerguss oder Schokolade, ganz egal, da muss ich überhaupt nicht drüber nachdenken. Ich genieße es, sorglos zu essen, und Sport ist der Preis, den ich dafür gerne zahle. Und wenn ich den nicht zahlen will, gut, dann muss es eben der Ernährungsberater richten. Der empfiehlt dann, die Kohlenhydrate wegzulassen, nur mageres Huhn zu essen. Heidis Favorit David Kirsch rät mit besonderer Freude zu irgendwelchen Eiweißdrinks und Omeletts ohne Eigelb – es hilft, es ist wohl auch irgendwie gesund, ich persönlich finde nur: Essen kann man's auch nicht mehr so richtig nennen. Aber bitte, ist ja alles Geschmackssache.

Dennoch war dies einer der Gründe, weshalb ich die Vermittlung von Models für die Laufstege aufgegeben habe. Es war nicht meine Vorstellung von Ästhetik, ich konnte mir einfach nicht mehr vorstellen, die Frauen, die da stellenweise über die Catwalks liefen, zu betreuen. Es waren mir nach ein, zwei Saisons zu viele darunter, die man beim Laufen am liebsten stützen wollte.

Paris

Mein erstes Vorstellungsgespräch ging ganz furchtbar in die Hose. Unter den vier Agenturen, die ich mir ausgeguckt hatte, war die erste »Ford-Models«, eine der großen traditionellen Agenturen in Paris, die es schon seit den 70ern gibt. Der Chef war und ist einer der klassischen Playboytypen, sitzt den ganzen Tag im Büro und war schon seit Jahren nicht mehr mit dabei am Booking-Tisch. Ich hatte mehr als genug Zeit, mir das anzusehen, schließlich ließ er mich eine halbe Stunde warten. Damals war mir das nur unsympathisch, heute weiß ich aus eigener Erfahrung, dass man fern vom Bookertisch sehr leicht den Kontakt zum Markt verliert. Als er mich dann zum Gespräch bat, war auch das eine einzige Enttäuschung. Ernst gemeint war es vermutlich nicht, er fragte zwar viel, wollte aber nichts über mich wissen, sondern viel mehr über den deutschen Markt. Als ob es da vom kleinen Booker von »Frankfurt One« so unglaublich viel zu erfahren gegeben hätte. Das Gespräch war ärgerlich und absolut unsinnig. Ich war stinksauer.

Der zweite Termin lief komplett anders. Es war mein Gespräch bei »IMG«, und er sollte mein Leben verändern. Ich sprach dort mit Dawn Wolf und Jeni Rose, jüdische New Yorkerinnen, die seit zehn, 15 Jahren in Paris arbeiteten. Angefangen hatten sie pikanterweise bei

»Ford-Models«, hatten dann die französische Niederlassung von »IMG« eröffnet, und jetzt brummte der Laden. Jeni Rose war diejenige, die das Scouting betreute, Dawn Wolf war die Headbookerin, und sie kümmerte sich schon damals um die absoluten Topnamen der Branche. Und die beiden nahmen sich Zeit für mich. Drei Stunden lang. Ich war überrascht und zugleich beeindruckt von ihrer Unvoreingenommenheit, ich hatte ein wenig befürchtet, sie würden mich wegen meiner iranischen Herkunft einfach in die Islamschublade stecken, aber das war ihnen schnurzpiepegal. Vielleicht auch wegen ihrer New Yorker Schmelztiegelmentalität. Dawn und Jeni wollten einfach nur wissen, ob es menschlich zwischen uns passen würde – denn sie wollten keinen fertigen Starbooker, sie wollten jemanden, den sie selbst aufbauen konnten. Einen Booker speziell für den deutschen Markt. Und mir gelang es, ihnen zu vermitteln, dass ich bereit war, wieder bei null anzufangen, mir hier etwas aufzubauen. Aufs zugegeben bescheidene Renommee zu pfeifen, das ich mir in Frankfurt erarbeitet hatte, und wieder ganz unten zu beginnen. Ab diesem Zeitpunkt war ich der German Booker von »IMG«.

Das ist inzwischen keine Besonderheit mehr. Alle großen Agenturen haben sich nach und nach deutsche Booker zugelegt. Denn alle großen Kunden rufen mittlerweile in Paris an, auch die deutschen. Die Kunden haben gemerkt, dass sie viel leichter an die Models kommen, wenn sie selbst anklopfen, und nicht, wenn das über eine von ihnen beauftragte Agentur und über sieben Ecken läuft. Außerdem ist es schlicht und einfach eine Kostenfrage: Warum soll der Kunde eine deutsche Agentur dazwischenschalten, die ihm dann eine Provision dafür berechnet, dass sie in Paris angerufen hat? Dafür schlägt sie dem Kunden 20 Prozent Agency Commission drauf und zieht vom Modelhonorar 20 Prozent ab. Das sind sozusagen mit die teuersten Telefongebühren der Welt. Und dann ist ja noch fraglich, ob man das Model überhaupt kriegt.

Denn so richtig begeistert ist die Pariser Mutteragentur von dem Anruf nicht. Für den Auftrag bekommt die Mother Agency nur die Hälfte von dieser 20-prozentigen Agency Commission. Und vom Modelhonorar bekommt sie nichts. Logisch, dass dadurch ihre Bereitschaft sinkt, das Model schnell freizugeben – stattdessen hofft sie, es käme vielleicht noch ein eigener, direkt vergebener Termin rein, für den sie Agency Commission und die Prozente vom Modelhonorar berechnen könnte. Sie hält die deutsche Agentur also hin, bremst, feilscht, macht lauter Dinge, die viel Zeit kosten und das Model teurer machen. Ruft der Kunde hingegen direkt bei der Agentur an, zahlt er auch nicht mehr – weil aber mehr von dieser gleichen Summe in die Taschen der Mutteragentur fließt, ist die sofort viel bereitwilliger. Wer das einmal ausprobiert hat, geht nie mehr über eine Zwischenagentur.

Die Agenturen merken das natürlich genauso: Warum sollen sie Kunden über den mühsamen Umweg über andere Agenturen erreichen wollen? Man setzt einfach jemanden ans Telefon, der idealerweise auch noch deutsch spricht, und schon macht man das Geschäft selbst. Und für »IMG« sollte ich das sein. Das hatte, auch wenn ich es damals nicht wusste, zudem den Vorteil, dass es eine dankbare Aufgabe war: Denn ich hatte auf dieser Position keinen richtigen Vorgänger, mit dem man mich hätte vergleichen können. Es hatte nur jemanden gegeben, der den deutschen Markt allenfalls halbherzig betreute. Wenn ich mich also nicht vollkommen dämlich anstellte, konnte ich eigentlich nur gewinnen. Und ich hatte exzellente Lehrer.

Frauenfreundschaft: Mama mit Dawn (r.) in unserem Pariser Büro. Wie man vielleicht merkt, wechselt Mama gern mal die Haarfarbe, die Haarlänge und überhaupt den kompletten Look.

Von Dawn habe ich gelernt, wie man mit Topmodels redet. Man muss respektvoll mit ihnen umgehen, man muss aber auch wissen, wann Feierabend ist. Ich habe selbst miterlebt, wie Dawn Wolf gestandene Topmodels am Telefon zusammenfaltete wie ein Papierschiffchen. Und als ich Paris verließ, fiel mir der Abschied von Dawn und Jeni mit am schwersten. Wir haben geheult wie die Schlosshunde.

Ein Dokumentarfilm namens *Zoolander*

Ich kann Ihnen lang und breit erzählen, wie das Modelgeschäft funktioniert. Aber all das bleibt unvollständig, wenn man die Menschen dahinter nicht versteht. Und die versteht man am besten, wenn man sie sieht. Der beste Weg, sie zu sehen, ist ein Film, und zwar kein Dokumentarfilm, sondern eine US-Komödie, die für das Modelbusiness noch viel entlarvender ist als die Montagen von Michael Moore. Gehen Sie am besten zu Ihrer Videothek oder Ihrem nächsten Elektromarkt und holen sich die Komödie *Zoolander*. Moment, noch nicht gleich einlegen. Der Film funktioniert zwar auch ohne Vorkenntnisse. Aber wenn Sie wissen, worauf Sie achten müssen, schmeißen Sie sich beim Gucken nicht nur weg, Sie entdecken auch viele wunde Punkte der Branche. Lassen Sie mich vorher ein bisschen was dazu erzählen, dann wissen Sie hinterher, warum er in unserem Business ein echter Kultfilm geworden ist.

Das will übrigens was heißen: Witze über Models zu machen ist ja zunächst mal keine Kunst. Sie sind schön und dumm, im Grunde also hat man dieselben Zutaten wie beim klassischen Blondinenwitz, mit dem sie bei *Bild* gerne mal die Witzrubrik zustopfen. Aber *Zoolander* drückt sich geschickt um die Blondinenproblematik, indem er männliche Models veralbert. Und damit die weiblichen genauso trifft, ohne dass es ihnen wehtut. Seitenhiebe auf Designer sind genauso drin wie Gags auf Kosten von Agenten und Schauspielern. Der beste Beweis ist, dass alle, die mit dem Geschäft zu tun haben, seit Jahren auf die versprochene Fortsetzung warten.

Die Handlung ist überschaubar: Das alternde Supermodel Derek Zoolander (Ben Stiller) begegnet seinem jungen Konkurrenten Hansel (Owen Wilson), aus Gegnern werden Freunde und gemeinsam mit einer Journalistin verhindern sie eine Verschwörung von Modedesignern, die auf ausbeuterische Kinderarbeit zurückgreifen wollen. So weit, so gut. Und nun müssen Sie darauf achten, genau zwei Dinge nicht für bare Münze zu halten. Das erste ist der Walk-off. Es gibt keine Art des Duells namens Walk-off, mit der beleidigte Models ihre Ehre wiederherstellen. Das ist schön erfunden. Und es gibt keine Weltverschwörung der Modedesigner. Der Rest hingegen ist ziemlich fies der Wirklichkeit abgeguckt.

Jerry Stiller als Modelagent Maury Ballstein – ein fantastischer Agenturboss: Überschmückt, mit riesigen Brillen, älter, gerne verheiratet und trotzdem mindestens halbschwul. Die Zapfpistolenschlacht an der Tankstelle, bei der sich Zoolanders WG-Kollegen im Überschwang gegenseitig mit Benzin durchtränken – absolut realistisch, bis auf das Benzin. Aber bei männlichen Models, die immer supergut drauf sind, müssen Sie stets mit Kissenschlachten rechnen oder Essensschlachten oder mit sonst etwas Superspontanem, Superausgelassenem, bei dem ein halbwegs normaler Mensch lieber nicht dabei wäre.

Ebenfalls sehr schön echt ist die Backstageparty mit Billy Zane, dem Schurken aus *Titanic*. Ich bin Billy Zane selbst bei einer solchen

Party über den Weg gelaufen. Man hatte ein paar Trommeln aufgestellt, und ich hab etwas getrommelt – Danny, ein Freund, hat es mir ein bisschen beigebracht, und wenn Sie jetzt vermuten, dass Trommeln doch so was ist wie Meditieren oder Brot backen und Danny vielleicht ein Model ist, liegen Sie genau richtig. Ich trommelte so vor mich hin, dann trat jemand neben mich, ich sah hoch und hoppla, das war tatsächlich Billy Zane. Er fragte, ob er's auch mal probieren dürfte, ich sagte klar, warum nicht, und ab da hat Billy Zane den Abend hinter den Trommeln zugebracht. Ein netter Mensch, Billy Zane, aber ein genauso ausdauernder wie grauenhafter Trommler, das kann ich versichern.

Billy ist nicht der Einzige, der sich gern bei Models tummelte. Donald Trump, der ebenfalls einen Gastauftritt im Film hat, ist bekannt dafür. Und dass sich die Popsängerin Kylie Minogue gerne mit männlichen Models umgibt, weiß man auch. In der Fashion-Branche ist es zum Beispiel ein offenes Geheimnis, dass sie sich öfter mal bei der Topagentur für männliche Models, hat sehen lassen, wenn sie in Paris war. Und dann soll sie genüsslich die Wand mit den Fotos studiert haben, um sich denjenigen auszusuchen, mit dem sie gern den Abend verbringen würde.

Auch Details sind wundervoll boshaft beobachtet. In einem gespielten Interview sagt etwa Winona Ryder über Zoolander, er wäre kein Mann für sie, er sähe einfach zu gut aus. Diese Haltung habe ich bei vielen weiblichen Models selbst beobachtet: Der Hang zu Männern, die auf keinen Fall besser aussehen als sie selbst, und nach Möglichkeit sogar schlechter. Und wenn das bei wenig selbstbewussten Frauen aus dem normalen Leben vielleicht sogar noch irgendwie nachvollziehbar sein könnte, kommt einem das bei Models sofort komplett unsinnig vor, weil man sich denkt »Was soll der Quatsch, du bist doch – Achtung – ein MODEL! Du würdest auch neben George Clooney gut aussehen!« Aber viele ticken nun mal so. Auch der Name Zoolander ist echt, jedenfalls echt zusammengesetzt aus den Namen von Johnny Zander und Mark Vanderloo, dem absoluten Starmodel vom Anfang des Jahrtausends. Am besten herausgearbeitet sind jedoch die zwei Grundkategorien männlicher Models. Die gibt es wirklich, so wahr ich hier schreibe.

Die einen sind wie Zoolander ständig damit beschäftigt, ihr Aussehen zu kontrollieren und zu verbessern. Sie prüfen in jedem Schaufenster, das als Spiegel dienen kann, ob die Mimik, die Garderobe, die Körperhaltung passt. Die andere Sorte hingegen sind die Hansels, die Owen Wilson mit seiner abenteuerlich gebrochenen Nase ideal verkörpert: Sie akzeptieren ihr Aussehen als gottgegeben und als finanzielle Grundlage für ihre wahre Leidenschaft – die Suche nach dem Sinn des Lebens. Das kann man machen, indem man in einem Kaktushain in Thailand meditiert, oder indem man Bungee springt oder Freeclimbing macht, möglichst hoch und natürlich ohne Seil, weil man sich ja weder um sein Aussehen sorgt noch um seine Gesundheit, sondern um die höheren Werte: Gott, Liebe, Weltgeist, so was in der Richtung. Und diese Models versuchen dann auch ständig, dich zu begeistern: Du musst dringend mit zur FKK-Tigerjagd, du musst die Innsbrucker Olympiaschanze mit dem Skateboard runterrauschen, du musst unbedingt ohne Sauerstoff auf den Nanga Parbat, ich kann dir sagen, ich bin so was von beinahe gestorben, beinaher kann man gar nicht sterben, da erfährst du, was Leben heißt. Und dass Hansel im Film das Ganze natürlich um die Ökoschiene ergänzt und sein eigenes Brot backt, ist nur wegen des riesigen Brotschiebers übertrieben – echte männliche Models sind dafür wirklich genauso anfällig. Sie trinken Wasser aus unterirdischen Vulkanschichten oder aus Eisbergen, garantiert Millionen Jahre alt; verwenden Himalajasalz, an dem garantiert ein Tibeter geleckt hat oder was weiß ich noch alles, nur erhältlich in diesem klitzekleinen Laden in Greenwich Village. Oder Gojibeeren oder Cranberries als Wundermittel gegen freie Radikale oder irgendwelche seltsamen Kräuter. Vor allem, wenn man sie rauchen kann. Viele männliche Models rauchen Gras bis zur vollkommenen Bewusstlosigkeit.

Mein eigener »Zoolander Look« – fand jedenfalls Model Weronika Lewandowska, das sich begeistert gleich mit fotografieren ließ.

Ich erinnere mich noch, wie wir mal während einer Modewoche den Kontakt zu einem unserer Models verloren hatten, Ana. Sie ging nicht mehr ans Telefon, beantwortete keine E-Mails, war völlig von der Bildfläche verschwunden. In der Agentur war die Befürchtung groß, sie wolle abspringen, also die Agentur verlassen. Und weil ich als derjenige galt, der den besten Draht zu ihr hatte, wurde ich nach

New York geschickt, um mal auf den Busch zu klopfen. Also ging ich zu ihrer Wohnung, in der sie mit einem männlichen Model zusammenlebte. Ich kam dort an, klopfte, niemand öffnete. Dabei waren drin eindeutig Stimmen zu hören. Also hämmerte ich nochmal fünf Minuten an die Tür. Dann wurde es plötzlich still und etwas schlurfte zur Tür. Die Tür ging auf und dahinter war eine Wand aus süßlichem Rauch. Die Rauchwand brach über mir zusammen und aus den Schwaden tauchte James, das männliche Model, auf, und die Worte »bequem gekleidet« treffen es nur sehr, sehr vage. Vielleicht erinnern Sie sich an den Film *The Big Lebowski*, den Jeff Bridges im Wesentlichen mit wirren Haaren, wirrem Blick und einem schmuddligen Bademantel bestreitet. So ungefähr sah James' Auftritt aus – nur ohne Bademantel.

»Hey, wer bist'n du?«, fragte er betont langsam.

Ich sagte ihm, ich sei jemand namens Peyman Amin, auf der Suche nach Ana.

»Die is' nich da, Mann!«

»Weißt du, wo sie ist? Es ist Modewoche, wir suchen sie wie wahnsinnig.«

Er sah mich stumpf an, in keinster Weise beunruhigt.

»Komm rein, Mann«, sagte er.

Ich tastete mich in die Wohnung und erkannte anhand der Umrisse einen zweiten Typen, und neben dem Typen qualmte eine enorme Tüte Gras vor sich hin. Er hob müde seine Hand, bewegte sie mühsam etwas nach links, dann etwas nach rechts, und dann stellte er alle Tätigkeiten erschöpft ein.

»Das ist der Dings«, quoll es hinter mir aus dem Rauch, »der sucht die Ana. Die ist doch weg, oder?«

Mir kam es vor, als würde der zweite Typ in dem Süßnebel noch ein wenig mehr zusammensacken oder auch in die Breite gehen, ein bisschen wie Kuchenteig. Dabei machte er ein Geräusch, das man als Zustimmung auslegen konnte.

»Ja klar, die ist weg«, fasste James noch einmal das Bisherige gründlich zusammen.

»Kannst du ihr was ausrichten?«

»Ja klar, Mann.«

Ich notierte ihm meine Telefonnummer, dann machte ich mich vorsichtig auf den Weg nach draußen. Als ich wieder vor die Tür trat, rauchte ich selbst wie ein frisch gelöschter Brandherd. Ana hat natürlich nie mehr angerufen, weniger wegen der notierten Telefonnummer, mehr, weil sie tatsächlich die Agentur gewechselt hatte. Aber seither weiß ich noch etwas genauer Bescheid über den Drogenkonsum männlicher Models.

Der Besuch in Hansels spinnerter Loft-WG mit eingebauter Halfpipe für die Skateboarder, der Zwergentruppe und dem eingemieteten Sherpa samt Lama ist daher meine absolute Lieblingsszene. Die Szene, als die Journalistin den beiden Models ihre traurige Kindheit beichtet und wie sie zur Bulimie gekommen ist. Und der Lachkrampf, den Hansel und Zoolander daraufhin bekommen, weil sie Bulimie als eine absolut alberne Krankheit empfinden, schließlich sei das ja wohl die allerbequemste Art, nochmal schnell ein paar Pfunde zu verlieren. Genauso ist es oft in Wirklichkeit, nur ohne den Zynismus. Manche Models arbeiten mehr oder weniger heimlich mit dem Finger im Rachen, und finden sich dabei besonders professionell. Als gehöre es einfach dazu. Und das kann man für Wahnsinn halten, aber jeder hat sich doch wohl schon mal mit Kopfschmerzen und Fieber ins Büro geschleppt und ist sich dabei besonders unverzichtbar und heldenhaft vorgekommen, auch wenn's völlig unvernünftig war. Als eine solche »Heldentat«, denke ich, verharmlosen Models den Finger in ihrem Rachen.

Darf man darüber Gags machen? Man darf, wenn sie gut sind. Und die in Ben Stillers *Zoolander* kann ich jedem nur wärmstens ans Herz legen!

Hair

Ich hatte Tyra Banks für ein Katalogshooting vermittelt, für eine hohe fünfstellige Summe. Im Grunde eine ganz normale Sache. Der Haken war: Tyra wollte ihren Friseur aus Los Angeles mitbringen. Das liest sich jetzt vielleicht wie irgendeine Sonderbehandlung eines verwöhnten Models, aber Tyra wollte unbedingt, dass ihre Haare gut aussahen. Sie hat – logisch – afroamerikanische Haare, und die haben so ihre Eigenheiten, auf die man achten muss. Das Problem: Der Friseur sprengte das Budget.

Der Kunde war bereit, für Tyra zu zahlen, dazu noch die üblichen 20 Prozent Agency Commission, wir waren also bereits an der Obergrenze des Budgets. Das Honorar für den Friseur, Reise, Unterbringung – das alles hätte den Rahmen gesprengt. Also bestand der Kunde darauf, selbst einen Friseur vor Ort, in Karlsruhe, zu buchen; einen Friseur, mit der Kunde schon lange zusammenarbeitete. Tyra bat mich via Management, nochmals nachzuhaken, ob denn der Karlsruher Friseur mit afroamerikanischem Haar vertraut war. Der Kunde legte dafür seine Hand ins Feuer. Also sagten wir zu.

Am Ende des ersten Shootingtages erhielt ich einen Anruf von Tyra Banks. Ich hatte sie bis dahin noch nie persönlich gesprochen oder gar kennengelernt, aber das sollte ich jetzt im Schnellverfahren nachholen. Tyra kochte.

»Mit dem Friseur klappt das überhaupt nicht«, schäumte sie, »ich habe extra darauf hingewiesen, wie schwierig das mit den Haaren ist, ich habe meinen eigenen Friseur angeboten – und jetzt sitzen wir hier in der Scheiße. Bring das in Ordnung!«

Ich rief den Kunden an. Dieser hatte mit dem Friseur keinerlei Schwierigkeiten. Das war natürlich keine Lösung für Tyra. Also versuchte ich verzweifelt, dem Kunden klarzumachen, dass er mit dem Friseur vor Ort kein glückliches Supermodel bekäme. Der Kunde sah das zwar ähnlich, weigerte sich aber, Tyras Haarspezialisten einfliegen zu lassen. Das hieß: Einfliegen hätten wir ihn schon können – aber wir hätten es selbst zahlen müssen. Zwischendurch rief Tyra an und fragte, was ich erreicht hätte.

Ich sagte es ihr. Und fragte, ob man nicht einfach den Karlsruher Friseur wechseln könnte. Tyra lehnte entrüstet ab. Das hätten wir ja gesehen, wohin das führt, und das ginge überhaupt nicht an; wenn sie sich den Typen ansähe, den sie ihr da aufgezwungen hätten, dann wolle sie sich überhaupt nicht ausmalen, wer dann die zweite Wahl wäre, und überhaupt käme nur einer für sie infrage, und der säße nun mal in Los Angeles. Mit dem hätte es überhaupt noch nie Ärger gegeben und sie sähe unmöglich aus, wenn ich ihre Haare sehen würde, dann würde ich das auch verstehen und ich solle das gefälligst regeln, sofort.

Es hörte sich an wie eine No-Go-Lösung in alle Richtungen. Ich wurde zunehmend nervös.

Ich rief also wieder den Kunden an. Der kalifornische Importfriseur war für ihn gar kein Problem, aber eben nicht seine Sache.

Signiert und in Paris stets in meiner Sichtweite: mein Lieblingsfoto von Tyra Banks. Es hing in der winzigen Küche, neben dem Herd – daher die Ölspritzer.

Tapfer wandte ich ein, dass aber nun mal das Haarfiasko Tatsache sei, und dass Tyra das zweifellos am besten beurteilen könnte. Und ob er denn keinen anderen Friseur zur Verfügung stellen könnte. Der müsste dann auch nicht unbedingt aus Los Angeles stammen, auch nicht aus Washington, der könne ruhig aus Karlsruhe sein, solange er sich mit afroamerikanischem Haar auskenne. Die Kosten wären dann erträglich, sein Topmodel zufrieden, und das sei ja wohl für alle das Beste. Okay, sagte der Kunde, ein zweiter Friseur sei drin.

Das war immerhin schon mal ein Ansatz.

Ich rief wiederum Tyra an.

»Gute Nachrichten«, flötete ich, »sie sind bereit, einen neuen Friseur zu stellen.«

»Meinen Friseur?«, fragte Tyra.

»Nicht so ganz, aber einen neuen.«

Tyra schimpfte. Und ich redete mit Engelszungen auf sie ein. Dass das doch ein gutes Zeichen sei, und dass sie ihre Beschwerde absolut ernst nähmen – das würde ja dann auch bedeuten, dass sie einen Experten bereitstellen würden, sie hätten ja mitbekommen, was für ein Ärger passiert, wenn man den falschen Mann holt. Und nach und nach wurde Tyra etwas sanfter. Sie fragte, ob sich der denn nun auch wirklich mit ihren Haaren auskennen würde. Ich schwor, dass wir das sicherstellen würden. Ich ließ mir nochmal erklären, worauf es ankam und was der neue Mann beherrschen musste. Haarklein. Grund- und Aufbaukurs Haare von Tyra Banks. Und mit meinem neuen Wissen telefonierte ich wieder dem Kunden hinterher.

Wir hatten nur diese eine Chance. Mir war klar: Wenn der neue Mann es wieder vermasselte, würde Tyra hinschmeißen. Und das machte ich dem Kunden klar. Ich wiederholte ihm den kompletten

Haarvortrag 1 : 1, so, wie ich ihn von Tyra gehört hatte. Das alles musste der neue Mann können, oder sie würden ihn besser gleich zu Hause lassen. Sie schworen Stein und Bein, dass er es draufhätte.

Ich rief Tyra an und verbürgte mich für den neuen Friseur. Sie stimmte zu.

Ich rief den Kunden an und gab das »Go!«

Dann ließ ich mich in meinen Stuhl fallen und wartete.

Das Telefon schwieg. Gut so.

Das war übrigens der Tag, an dem ich anfing zu rauchen.

Unter Männern

Ich bin nicht schwul. Das wollten Sie doch wissen, oder? Sie können es ruhig zugeben, das ist schon in Ordnung, da sind Sie nicht allein. Und letzten Endes ist die Neugier der Leute ja auch ein Kompliment. Die Neugier besagt schließlich, dass man nicht gerade herumläuft wie Dr. Kimble in *Auf der Flucht*. Und wenn eine Frau diese Frage stellt, dann hat sie sich meistens vorher in etwa Folgendes gedacht: »Oh, der sieht ja mal ganz ordentlich aus, das Hemd passt zur Hose, die Schuhe zur Jacke, gepflegtes Gesicht – hey, das ist doch irgendwie verdächtig!« Andererseits brauchen Sie sich ja nur mal Rolf Scheider anzusehen, um festzustellen, dass schlimme Kleidung auch keine Hetero-Orientierung garantiert.

Wenn Männer die Frage nach meiner sexuellen Orientierung stellen, haben sie vorher meist etwas anderes gedacht: »Der sieht aus wie einer, der öfter in den Spiegel guckt als ich.« Damit meinen sie dann, dass sie genau so oft in den Spiegel sehen wie ein normaler Hetero-Durchschnittsmann, und öfter ist ungesund oder schwul. Finde ich nicht. Ich finde, wir sollten in dieser Beziehung mal eines klarstellen: Entscheidend ist nicht, wie oft man in einen Spiegel guckt, sondern welche Ansprüche man an das Gesicht hat, das man dort entdeckt. Ich bin in der Beziehung vielleicht ein bisschen eitel. Aber ich glaube, es bleibt in einem erträglichen Rahmen. Ich brauche morgens keine Stunde im Badezimmer, ich nutze eine Gesichtscreme, aber das war's dann auch schon. Nagellack habe ich nur einmal benutzt, nämlich diesen unsichtbaren, mit dem man sich das Nägelkauen abgewöhnen soll, weil er richtig furchtbar schmeckt. Geholfen hat es nichts, irgendwann gewöhnt man sich an den furchtbaren Geschmack und kaut weiter.

Allerdings hätte es mir wahrscheinlich nicht geschadet, schwul zu sein.

Das Modelbusiness, die Modeindustrie mit allen ihren Ausläufern ist eine absolute Schwulendomäne. Und dass in der Jury von *Germany's Next Topmodel* immer ein Homosexueller sitzt, ist zwar nicht explizit gewollt, aber es ist auch nicht gerade purer Zufall, denn es gibt den tatsächlichen Anteil schwuler Modemacher ganz gut wieder.

Das hat mehrere Ursachen: Bei Agenten ist der Grund naheliegend. Man geht davon aus, dass sich schwule Agenten mit weiblichen Bedürfnissen besser auskennen, sich in die Psyche der Models eher einfühlen können. Ob es stimmt, weiß ich nicht. Bestätigen kann ich nur, dass bei schwulen Agenten tatsächlich ein Aspekt wegfällt, der bei einem heterosexuellen Agenten immer vorkommt: die erotische Komponente, die erotische Schwelle. Ein Model ist ja üblicherweise eine hübsche Frau, und damit stellt sich eben in der Zusammenarbeit irgendwann die Frage: Will wer was von wem? Wenn das Model dies oder jenes tut, könnte der Mann das falsch deuten. Nirgends, wo Männer und Frauen zusammenarbeiten, kann man diese sexuelle Komponente ignorieren. Auf die eine oder andere Weise ist sie immer da, und irgendwann klärt sich das entweder durch Desinteresse (»Den kannst du mir auf den Bauch binden!«), durch peinliche Missverständnisse (»Aber ich dachte, wir wären nur Freunde!!«) oder durch leidenschaftlichen Bürosex im Kopierraum. In der Modelbranche liegt die erotische Komponente besonders klar auf der Hand, zumal die Frauen einen großen Teil ihrer Arbeitszeit in Unterwäsche, Bikinis oder Ähnlichem verbringen. Darum kann es tatsächlich vieles vereinfachen, wenn der Agent vom anderen Ufer ist. Das Model weiß dann sofort: »Der will nichts von mir.«

Der Normalfall in der Branche ist, dass man seine sexuelle Orientierung durchblicken lässt. Die homosexuellen Kollegen eher als die heterosexuellen, weshalb man üblicherweise via Ausschlussverfahren zu dem Schluss kommt, ein Kollege sei hetero, wenn er sich nicht eindeutig als schwul präsentiert. Das fiel am stärksten an einem Kollegen bei »IMG« in New York auf. Er ist ein absoluter Superagent, kam vor fünf, sechs Jahren zu »IMG« und war dort einer der Assistenten des stockschwulen Headbookers. Er ist mehr so einer wie ich, sehr kundenorientiert, nicht immer mit dem Riesenohr für die Models. Und bis zu dem Tag, an dem er mit meiner Kollegin den Kundentermin bei »Victoria's Secret« hatte, hätten sogar die sonst so regenbogensicheren New Yorker ihn als bombensicheren Hetero eingeschätzt. Doch nach dem Termin standen die beiden in der U-Bahn, er wirkte etwas geknickt, und als sie ihn nach dem Grund fragte, sagte er, er hätte gerade einen Riesenärger mit seinen Eltern, er habe sich nämlich frisch geoutet. Der Kollege war schwul – das war *die* Sensation im Bürotratsch, weil solche Überraschungen so selten sind.

Gerade die Schwulen im Modebusiness gehen meist sogar extrem offensiv mit ihrer Sexualität um. Sie geben sich besonders tuntig, sie reden mit den Models, als wären sie ihre große Schwester, sie flöten »hey, daaarling« und »hey, sweetheaaart«, sie laufen, als trügen sie Stöckelschuhe. Und das hat nicht nur mit dem herkömmlichen »Gay-Pride« zu tun, mit dem demonstrativen schwulen Selbstbewusstsein also, sondern es handelt sich hier auch um Eigenwerbung: Schwul zu sein gilt ja nicht nur als besonders kompetent im Umgang mit Models, auch die Kundschaft ist ja oftmals schwul.

Modedesigner, Make-up-Artisten, Art Directors, Hairstylisten, Fotografen – all diese Berufe sind überdurchschnittlich oft mit schwulen Mitarbeitern und Entscheidern durchsetzt. Und wer sich selbst als schwul zu erkennen gibt, der zeigt damit auch, dass er sich in der Szene auskennt, er zeigt zudem, dass Schwule von ihm nichts zu befürchten haben und – auch dieser Gedanke kann mit in die schwule Selbstpräsentation hineinspielen – sich sogar einiges erhoffen können. »Hi, ich bin einer von eu heuch!« Ist es diskriminierend, so was zu behaupten? Nein, ist es nicht – Schwule bilden schwule Netzwerke, sie ziehen Vorteile aus einer besonderen Eigenschaft, die andere nicht haben, sie machen dasselbe, was alle anderen auch machen. Es ist in der Szene etwa ein offenes Geheimnis, dass eine New Yorker Agentur besonders schnell junge Models in die amerikanische *Vogue* bekommt, weil einer ihrer Agenten der Ex-Lover eines der erfolgreichsten internationalen Fotografen ist. Der steht wiederum beim Verlag Condé Nast unter Vertrag, der die *Vogue* herausbringt. Und wenn man sich klarmacht, dass viele andere Schlüsselpositionen wie Hair oder Make-up ebenfalls von Schwulen besetzt sind, kann man sich an den Fingern einer Hand abzählen, dass das kein Einzelfall ist.

Ist das nun falsch? Oder diskriminierend beobachtet? Sind Schwule nun in ihren Berufen wirklich besser als andere? Das Interesse an künstlerisch-ästhetischen Tätigkeiten tritt bei ihnen in jedem Fall öfter auf. Und ich glaube ehrlich, dass sie die Gedanken von Frauen leichter nachvollziehen können: Wie will eine Frau wirken, wie will sie auftreten? Frauen lieben schwule Friseure, unfair wäre es nur, wenn Schwule andere Schwule bevorzugten – was zwar auch vorkommt, aber ehrlicher Weise nicht öfter, als andere Interessensgruppen sich untereinander helfen, also: Das ist die ganz normale Unfairness des Geschäftslebens. Und in der Zusammenarbeit muss man sich halt ein wenig drauf einstellen, welche Sorte Schwuler einem gerade gegenübersteht.

Die klassische Variante: Die Queen, gern als »queer« bezeichnet. Extrem feminine Züge, femininer als jede Frau. Exaltiert, arrogant, sie geben sich, als wären sie etwas Besseres, etwas Besonderes – im Grunde eigentlich meist sehr sensible, empfindliche Typen, was man auch daran merkt, dass sie verletzlicher sind als andere, sprich: schneller beleidigt.

Die unauffällige Variante: Der Chef einer großen internationalen Modelagentur. Ein absoluter Geschäftsmann, nur an Leistung und Ergebnissen interessiert, in seiner Homosexualität nicht auffälliger als, sagen wir: Guido Westerwelle.

Die kreative Variante: Die leben im Grunde in ihrer eigenen Welt, die interessiert nur ihre Kunst. Ein Kollege in unserem Art Department war so einer. Er war für die Fotoauswahl zuständig, für die Promotionunterlagen zur Fashionweek, er war Gold wert. Er machte wunderschöne Booklets, das Showdoc, unsere Präsentation für die Prêt-à-porter-Modenschauen, hatte sagenhafte Ideen, der hat Sachen gezaubert, die man am liebsten gar nicht mehr aus der Hand legen mochte.

Die harte Variante: Das sind die Fotografen. Ich kann's nicht richtig begründen, aber es könnte damit zusammenhängen, dass Fotografieren auch viel mit Technik zu tun hat. Blende einstellen, Objektive auswählen – ich meine, Sie können ja gerne mal überlegen, wie viele Frauen Sie kennen, die Stunden vor dem Schaufenster eines Fotogeschäfts stehen können – und wie viele Männer.

Im Alltag passt man sich dann an. Man kann nicht einfach durch die Gegend knurren, wie in anderen Männerjobs. Anfangs konnte es mir noch passieren, dass ich zum Beispiel zu einem schwulen Kollegen ging und im Workerslang sagte: »Ey, was is? Ich brauch das Booklet!« Das hat ihn tief verletzt und dann ging gar nichts mehr. Man braucht eine gewisse Erfahrung, um zu lernen, dass manche Kollegen eine andere Ansprache brauchen: »Du, ich weiß, du hast total viel Stress, aber wenn du irgendwann eine Minute Zeit findest, kannst du dann mein Booklet schnell dazwischenschieben?« Und dann arbeitet sich derselbe Kollege für dich tot. Umgekehrt sagt er dann auch von sich aus: »Wenn du was brauchst komm zuerst zu mir!« Das ist dann halt nicht wie am Bau, wo alle sich anbrüllen, wo denn der verfluchte Scheißzement bleibt – bei uns besteht immer die Möglichkeit, dass man gerade jemandem gegenübersteht, den man etwas sanfter anpacken muss.

Ich habe allerdings nie absichtlich so getan, als sei ich schwul, weder beruflich noch privat. Ich will hier nicht den Heiligen spielen, aber wenn ich bei Männern gemerkt habe, dass sich da was anbahnte, habe ich ziemlich schnell klargestellt, dass ich auf Frauen stehe.

Die Vielzahl schwuler Kollegen beeinflusst übrigens neben den Umgangsformen auch die Sprachregelung am Arbeitsplatz. Wenn wir über irgendwelche Fotos von nackten oder halbnackten Models sprechen, werden sehr viele Kriterien bemüht wie »ästhetisch« oder »kühl«, man bewertet die Beleuchtung, die Atmosphäre. Aber keiner sagt das, was ein normaler heterosexueller Mann bei einem Blick auf das Foto sofort denkt, zum Beispiel: »Geiler Arsch«. Und wenn das niemand sagt – wie will dann der Außenstehende die schwulen Schäfchen von den nichtschwulen trennen? Als ich mein Vorstellungsgespräch bei Dawn und Jeni hatte, gingen beide ganz selbstverständlich davon aus, dass ich wahrscheinlich schwul wäre. Wer es wissen wollte, hat einfach nachgefragt. Es hat aber mitunter auch für kleine Irritationen gesorgt: Manche Models, die erfahren haben, dass ich nicht schwul bin, sind dann zunächst ein wenig auf Distanz gegangen. Mit anderen Models wie Heidi wurde es dann sofort noch viel unterhaltsamer, denn manche arbeiten lieber mit Heteros.

Trotzdem ist es irgendwie eigentümlich. Man kennt ja die schwulen Statements, die immer etwa so klingen: »Ich bin so stolz, es als Schwuler geschafft zu haben, und dass ich es als Homosexueller zum Automechaniker/Rodeoreiter/Türsteher geschafft habe, ist unglaublich wichtig für die ganze Gay-Community.« Als Hetero kennt man so was wie Hetero-Pride nicht. Aber gut, dann erfinde ich ihn mal: »Auch wenn es für die Hetero-Community vielleicht nicht ganz so wichtig ist – ich bin tatsächlich stolz, es als Hetero in dieser Branche geschafft zu haben.«

The Making of: Geld

Die *Model*-WG ist eine prima Idee. Eigentlich ist sie die realistische, logische Fortsetzung des Castingformats *Germany's Next Topmodel*. Denn es ist nicht ungewöhnlich, dass Models sich zu Wohngemeinschaften zusammenschließen. Viele Gründe sprechen dafür: Wer vom Modeln leben will, muss in die großen Zentren ziehen, damit er für viele Kunden schnell erreichbar ist. Da zieht man nicht nach Würzburg, sondern in eine Stadt, die einen großen Flughafen, verschiedene Agenturen hat, und in diesen Städten ist die Miete meistens teuer. Zumal man mit wachsendem Erfolg sowieso immer seltener zu Hause ist. Also ist es nur logisch, sich die Mietkosten mit anderen zu teilen, die genauso selten zu Hause sind. Und wie in unserer Sendung muss das Geld für die Miete von allen ermodelt werden.

Die Honorare aus der Sendung sind sehr wirklichkeitsnah. Und wenn sie manchmal niedrig sind, hat das seinen Grund: Für redaktionelle Strecken, Editorials, Beautystrecken für Zeitschriften gibt es nicht unbedingt das meiste Geld. Das Honorar besteht hier zum Teil aus den Fotos selbst: Sie sind wichtig für Models, weil sie damit ihre Mappe füllen. Das Model kann zeigen, was es schon gemacht hat –

und was andere aus ihm machen konnten. Man könnte meinen, das sei unwichtig, schließlich sieht der Kunde das Model ja beim Casting vor Ort und kann sich dann ein Bild von ihm machen. Stimmt aber nicht: Die Fotomappe ist manchmal sogar wichtiger als der persönliche Eindruck. Schließlich will der Kunde ja sehen, wie das Mädchen wirken kann, damit er sieht, ob es für das, was er vorhat, geeignet ist. Oder ob es vielseitig genug ist, um sich neuen Anforderungen schnell anzupassen. Wenn allerdings diese Fotos für Models so wichtig sind, heißt das gleichzeitig auch, dass die Redaktion weiß, welche Chancen sie den Mädchen bietet – und damit sinkt das Honorar. Für redaktionelle Strecken gibt es 100 bis 300 Euro für einen Acht-Stunden-Tag, mehr nicht, und wenn man davon mal Miete, Steuern, Versicherung abzieht, bleibt nicht mehr viel übrig. Redaktionelle Strecken sind daher so was wie eine Investition des Models in seine berufliche Zukunft.

Diese Investition besteht nicht nur aus dem Foto an sich – einer der wichtigsten Pluspunkte ist inzwischen, mit wem die Strecke erarbeitet wurde. Wenn ein bekannter Fotograf die Bilder geschossen hat, ist das auf der Suche nach weiteren Jobs echtes Geld wert. Das war nicht immer so, hat sich aber mittlerweile mehr und mehr herauskristallisiert.

Und was zunächst nur für die Fotografen galt, gilt mehr und mehr auch für namhafte Hairstylisten oder Make-up-Künstler. Auch sie sind heute wichtige Faktoren, auf die man bei den Castings verweisen kann.

Ein ebenfalls wichtiger Aspekt redaktioneller Strecken: Welcher Verlag gibt das Magazin heraus? Das ist wie bei »Mercedes« und »Toyota«: Sieht man die Testergebnisse, ist »Toyota« das bessere Auto –

aber den klangvolleren Namen hat nun mal die Marke mit dem Stern. Und da kann beim Model anklopfen wer mag – sobald dahinter Condé Nast steht, die Heimat von *Vanity Fair*, *GQ*, *Glamour* oder von *Vogue*, der Bibel unserer Branche, sollte es blind zugreifen. Sicher, wenn man mit Journalisten spricht, dann nörgeln die gerne mal über diese Hefte, vorzugsweise, weil sie, was den Inhalt angeht, oft auch nur mit Wasser kochen. Mag alles sein, aber der Ruf ist exzellent, gerade, was die Bilder angeht.

Zuletzt das Wichtigste: Mit diesen Jobs knüpft man sein Netzwerk. Man kriegt diese Kontakte nicht nur als Referenz, die man vorzeigen kann. Sondern: Wenn diese Leute mit einem Model zufrieden sind, dann verschaffen sie ihm die wirklich lukrativen Jobs. Denn für die Werbung arbeiten ja dieselben Experten. Und da steckt dann richtiges Geld drin. Ist ja logisch, wenn ein Kunde eine sechs- oder siebenstellige Summe für eine Kampagne ausgibt, lässt er sich natürlich auch beraten. Und wenn der Fotograf dann sagt: »Da hätte ich genau das richtige Model, mit dem habe ich da und da zusammengearbeitet, das war super und hätte genau den richtigen Look drauf«, dann möchte ich den Kunden sehen, der diesem Model nicht wenigstens eine ganz große Chance einräumt.

Eines ist so selbstverständlich, dass man's immer vergisst: Nur wer einen Magazinjob ergattert, hat auch die Chance, aufs Cover zu kommen – was das Größte ist, das man bei einem Magazin gewinnen kann. Das gilt nicht für die ganz großen Magazine, die immer ein Supermodel oder einen Filmstar auf ihre Cover setzen. Aber bei anderen Heften ist das nicht so selbstverständlich. Da werden dann bei jeder Fotostrecke auch Covershoots gemacht, die gegen Abschluss des Hefts sozusagen in die Hauptverlosung kommen. Dafür gibt es zwei Gründe: Erstens, dass man ja vorne auf dem Heft irgendwie auf den Inhalt verweisen muss, und das Thema und das Model, das es bebildert, gehören ja zweifelsohne dazu. Zweitens ist es auch eine Kostenfrage: Coverfotos müssen extrem hohe Qualitätsmaßstäbe erfüllen, und die eigens anfertigen zu lassen, ist sündhaft teuer – viel praktischer und günstiger ist es, ein Bild dann zu machen, wenn man ohnehin schon alle nötigen Personen versammelt hat. Was den Rückschluss zulässt: Wenn ein Magazin nur wegen eines Covershoots anfragt, für eine Stunde während einer Modewoche zum Beispiel, darf man getrost davon ausgehen, dass man es als Model geschafft hat.

Es ist also tatsächlich so, wie man in der *Model-WG* verfolgen kann: Über Editorials komme ich an die Kontakte zu Stylisten oder Fotografen. Und über sie ans große Geld.

Denn die interessantesten Deals sind Modekampagnen. »Prada« etwa schließt gerne Exklusivverträge mit Newcomermodels ab. Luca Gadjus oder Sasha Pivovarova haben solche Verträge bekommen. Das heißt nicht, dass sie gar nichts anderes machen dürfen, aber sie dürfen nicht für die direkte Konkurrenz antreten. Dafür bekommen sie drei Jahre lang schätzungsweise einen gut sechsstelligen Betrag pro Jahr, was in jedem Fall eine Menge Geld ist, für eine 16-Jährige sowieso. Zudem sind sie damit in der Szene mit einem Schlag ein Begriff und attraktiv für weitere Werbekampagnen, natürlich im High-End-Bereich: Parfum, Schmuck, Uhren, auch Haarkampagnen, wenn die Marke stimmt. »L'Oreal« ist gut, »Schwarzkopf« noch nicht ganz, aber bald, weil »Schwarzkopf« sich langsam zur Premiummarke zu entwickeln versucht. Oder »Pantene« von »Procter & Gamble«, ein Produkt, für das Barbara Meier auch deshalb ihre roten Haare einsetzen konnte, weil sie nicht schon Topmodel ist, sondern sich erst zum Topmodel entwickelt. Handys sind denkbar, Autos nur, wenn man ein frauenspezifisches Modell hat – »Opel« etwa hat mal den »Corsa« als das Topmodel unter den Autos beworben und dafür auch Naomi Campbell, Linda Evangelista und Cindy Crawford engagiert; Claudia Schiffer arbeitete für »Renault«.

In einer bestimmten Liga ist natürlich alles möglich, wenn das Geld stimmt. Heidi könnte längst auch für Zahnpasta werben, da müsste dann einfach das Honorar das Produkt aufwerten. Wenn ein Produkt Heidi genug Geld hinlegt, wertet das Honorar den Deal so weit auf, dass sie sogar für eine Billigzahncreme antreten könnte, ohne ihren Marktwert zu schmälern. Die Rechnung kann man als Model sogar wie folgt aufmachen: Je weniger Prestige im Produkt steckt, desto mehr muss im Honorar stecken. Ein Jahr Zahnpastawerbung deutschlandweit für TV und Print – bei einem Topmodel bräuchte man da unter einem schönen siebenstelligen Betrag wahrscheinlich gar nicht erst den Telefonhörer in die Hand zu nehmen. Und das macht natürlich kein Mensch, weil man sogar mit Heidi als Galionsfigur den Zahnpastaabsatz kaum so steigern kann, dass die Kosten wieder reinkommen. Man müsste schon eine sündteure Premiumzahncreme erfinden …

Das Erfreulichste an Modekampagnen ist übrigens nicht das dafür bezahlte Honorar. Das ist schön, aber eigentlich nur ein Nebeneffekt. Das Erfreulichste sind die Nachhonorierungen. Denn für jedes Bild, das ein Fotograf mit einem Model schießt, entstehen Rechte. Urheberrechte. Der Fotograf hat sie, weil er das Bild gemacht hat. Und Persönlichkeitsrechte. Das Model hat sie, weil es dafür sein Gesicht hingehalten hat. Das überrascht Außenstehende oft, weil sie denken, dass so ein Foto schließlich eine Auftragsarbeit ist, die gegen eine Einmalzahlung, ein sogenanntes Buy-Out, beliebig verwendet werden kann. Und für Kataloge ist das auch so. Weil Katalogfotos derart saisongebunden sind, dass niemand mit einer Weiterverwertung rechnet. Bei Modekampagnen hingegen werden andere Verträge geschlossen. Und diese besagen, dass das Model zusätzlich zur Tagesgage Rechte an den Fotos bekommt, die ihm die Firma dann lediglich für einen bestimmten Zeitraum und einen bestimmten Geltungsbereich abkaufen kann.

Da ist der Bereich »Print«, also Anzeigen in Zeitungen und Zeitschriften. Zudem gibt es den »Point of Sale«, sogenanntes »verkaufsförderndes Material« wie große Aufsteller in Shops, Verpackungen, wie für Haarprodukte, oder Einkaufstüten. Diese Tütenrechte verkaufen Models allerdings nur ungern, weil's immer ziemlich billig wirkt, wenn man auf einer zerknitterten Einkaufstüte herumgetragen wird.

Die Frage ist: Warum lassen sich Kunden auf den Deal mit den Rechten ein? Das liegt daran, dass man nie weiß, wie lange man diese Rechte nutzen kann oder will. Bei einer Modekampagne kann man immer davon ausgehen, dass sie etwa eine Saison lang dauert, sechs Monate. Aber bei einer Parfumkampagne? Angenommen, der neue Duft liegt wie Blei in den Regalen – warum sollte man da mehr bezahlen als nötig? Der Kunde legt also oft eine Testphase an, sechs Monate probiert er, ob sein Produkt läuft, manchmal sogar nur drei Monate. Der Nachteil: Schlägt der Duft ein, muss man die ursprünglich nur für eine kurze Zeit eingeholten Rechte daran immer wieder verlängern.

Ich erinnere mich zum Beispiel an die »Armani Code«-Kampagne, die ursprünglich auf ein halbes Jahr angelegt war. Tatsächlich lief die Kampagne dann drei, vier Jahre. Das ist vergleichsweise teuer, weil der Kunde bei richtiger Preisgestaltung keine Alternative hat. Er müsste eine neue Kampagne starten, wieder neu casten, neue Fotografen holen, und er hätte keine Garantie, dass das Ergebnis ihn so überzeugen wird wie das, was er schon hat. Also fragt er, was eine Verlängerung der Rechte kostet. Man nimmt ihn dann als Agent natürlich nicht aus wie eine Weihnachtsgans, aber die Vorteile für alle liegen auf der Hand, und so weiß auch der Kunde, dass das gute Geld, das er hier zahlen muss, seinen Preis wert ist.

Eine »Pantene«-Kampagne ist ein exzellentes Beispiel. Sie wurde mit kleiner Usage gestartet, also kleiner Dauer, kleiner Bandbreite, lief aber offenbar erfolgreich. Und dann kommen die Nachfragen: Wir möchten diesen TV-Spot noch sechs Monate da und dort einsetzen. Da denkt der Agent: »Ka-Ching!« Ich hatte beispielsweise ein Model für eine sechsmonatige Europakampagne für 20 000 Euro gebucht. Später kam der Kunde und wollte die Rechte für sechs Monate nur für Kanada. Kanada ist ein winziger Markt, allein in der EU wohnen 500 Millionen Menschen, in Kanada sind's gerade mal 33 Millionen Einwohner. Wir berechneten dieselbe Summe nochmal, und der Kunde schlug ohne Zögern ein. Ein gutes Geschäft für beide Seiten, eine Neuproduktion hätte ein Vielfaches gekostet.

Nicht so glamourös wie Modekampagnen sind Katalogjobs, also Arbeiten für »Otto«, »Neckermann« oder ähnliche Häuser in aller Welt. Vom Prestige her stehen Katalogjobs ziemlich weit unten. Der Grund ist, dass Katalogmode eher konservativ ist, kein Aufsehen erregt und mäßig elegant ist. Und das bedeutet, dass die Fotos, die man dort bekommt, für die eigene Mappe keinen Prestigegewinn versprechen. Heidi hat für »Otto« schon in Pyjamas gemodelt, aber zu wem will man mit solchen Fotos gehen? Dennoch sollte man die Katalogjobs nicht unterschätzen. Sie bringen gutes Geld. Und wenn man erst mal drin ist, wird man mit großer Sicherheit wieder engagiert. Denn Katalogarbeit erfordert Disziplin.

Man reist für Katalogjobs in die schönsten Ecken der Welt, Südafrika, Karibik, Miami. An Strände im Sonnenschein, wo das Licht wunderschön ist. Leider ist das schönste Licht bei Sonnenaufgang, und die Sonne geht gerne um fünf Uhr morgens auf. Das heißt, das Model muss diszipliniert sein, es muss aufstehen können wie ein Bäckergeselle oder ein Schichtarbeiter, aber es muss im Gegensatz zu den beiden anderen dabei aussehen wie eine Traumfrau. Und weil meistens außen produziert wird, ist es morgens oft noch kalt, es ist windig – wir sind mit unseren Challenges bei *Germany's Next Topmodel* wirklich sehr oft ganz dicht an der Realität. Nur weil in Wirklichkeit nicht alle Bilder auf Eisklötzen gemacht werden oder im künstlichen Regen wie bei unserem TV-Shooting mit Rankin, heißt das nicht, dass echte Models bei ihren Jobs nicht genauso zittern und frieren. Dabei gut auszusehen schaffen nicht alle Models, und das ist der Grund, weshalb Katalogkunden so außerordentlich anhänglich sind, wenn sie mal gute Erfahrungen mit einem Model gemacht haben.

Ein Katalog wie »Otto« hat ungefähr zehn Hauptmodels, an denen er über Jahre festhält, und dieses Team ergänzt er nur sehr vorsichtig. Wer da aushelfen darf, wer dabei überzeugt, immer gut gelaunt ist und so einen Fuß in die Tür kriegt, ist auf Gold gestoßen. Angenommen, für den Katalog werden pro Jahr vier Reisen gemacht, zu den Malediven, nach San Martin oder nach Ostasien, sieben Tage lang, für jeden kriegt ein Durchschnittsmodel etwa 3000 Euro, das macht schon mal 80 000 Euro für vier Wochen Arbeit. Das klingt nicht nach viel, wenn man an die Gagen von Supermodels denkt, aber dafür arbeiten viele Menschen ein bis zwei Jahre. Und unser Katalogmodel hat ja noch immer 48 Wochen Zeit, sich ein kleines bis nicht ganz so kleines Zubrot zu verdienen. Wenn es Glück hat, kann es zu einem Star der Szene aufsteigen. Denn auch im Katalogbusiness gibt es Models mit Tagesgagen von bis zu 15 000 Euro, und die arbeiten auch locker ihre 100 Tage im Jahr.

Einer der großen Stars in dem Geschäft ist Nieves Alvarez. Sie hat schon für alle deutschen Kataloge gearbeitet. Sie ist kurze Zeit Haute Couture gelaufen, vor allem für »Yves Saint Laurent«, aber in den Modewochen war sie nie so dick ausgebucht wie für Katalogwerbung.

Und der Laufsteg? Das ist definitiv die Königsdisziplin. Laufsteg ist noch wichtiger als Modezeitschriften. Sehr oft sind junge Models eher auf dem Laufsteg zu sehen als in redaktionellen Strecken. Der Laufsteg kann das Sprungbrett zur ganz großen Karriere sein. Der Grund: Fotografen, Stylisten, Redakteure sitzen bei den Vorstellungen in den ersten Reihen und sie scannen die Teilnehmerinnen. Wer ist neu in der Stadt? Wen haben die Stardesigner sich ausgeguckt? Und sie suchen dort gezielt nach Models für redaktionelle Strecken.

Daran kann man wiederum erkennen, dass das Honorar üblicherweise und gerade am Anfang nicht so hoch ist: Man kriegt zwar nichts für sein Modelbuch, nichts Bleibendes, was man vorweisen kann, aber man kann sich auf einer exklusiven Bühne präsentieren. Auf der

Pariser Modewoche gibt es Gagen von 300 bis 5000 Euro pro Show, und ein gefragtes Model läuft bis zu sieben Shows am Tag. Worin sich die Tarife unterscheiden, ist nicht immer direkt der Größe des Markennamens zuzuordnen: »Dior« zahlt traditionell recht gut, noch besser, wenn man länger dabei ist, »Chanel« zahlt weniger, dabei spielen die beiden praktisch in derselben Liga.

Wichtig dabei ist nur, dass die Models alle die gleiche Gage bekommen, sonst gibt's Ärger. Unter den Models, aber auch zwischen Model und Agentur, wenn der Agent zugelassen hat, dass das eigene Model schlechter bezahlt wurde. Üblicherweise schließt man das durch eine »Most Favourite Nations«-Vertragsklausel aus. Fragen Sie mich bitte nicht, woher der Begriff »Most Favourite Nations« kommt, diese Klausel stammt nicht aus dem Modelbusiness, sie ist im internationalen Dienstleistungsgewerbe üblich und besagt, dass man nicht schlechter gestellt wird als andere. Und dass man – falls irgendwer Vergünstigungen bekommt – dieselben Vergünstigungen erhält.

Ausnahmen von diesen Regeln gibt es nur, wenn ein Designer ein Model exklusiv möchte. »Yves Saint Laurent« wollte mal ein Mädchen von uns ausschließlich und für die ganze Woche haben und hat es komplett geblockt – das hat ihn einen sechsstelligen Betrag gekostet.

Zusätzlich ist die Wahrscheinlichkeit groß, in eine Werbekampagne zu rutschen. Die großen Designer bedienen sich gerne aus ihrem Laufstegpool, wenn es darum geht, einen Duft oder eine Anzeigenserie zu bebildern. Es ist wie eine kleine Extrachance als Honorar: Man ist in der Verlosung für die attraktivsten Jobs des nächsten Jahres.

Aber Geld ist nicht alles, und es bedeutet immer weniger, je länger ein Model schon dabei ist und je besser es im Geschäft ist. Wenn die Miete bezahlt ist und der Schmuck auch, dann werden die Namen der Designer zu Trophäen, zu Statussymbolen. »Dior«, »Versace«, »Givenchy« – das sind Kunden, auf die man als Model gerne verweist. Und die ganz, ganz Großen hat niemand komplett in der Auftragsliste.

Sklave eines Models

Als Heidi mich ansprach, weil sie jemanden für die Jury von *Germany's Next Topmodel* suchte, wollte sie einen toughen Typen. Heidi ist eine funkensprühende Gute-Laune-Kugel, und sie suchte vermutlich jemanden, der auch mal den Part des harten Hunds übernehmen kann, und dass ich das konnte, wusste sie aus eigener Erfahrung, aber auch von Geschäftspartnern und anderen Models. Was sie wahrscheinlich nur vermutete, aber nicht weiß: Anfangs war das nicht so. Auch ich habe erst lernen müssen, mich zu behaupten. Als ich bei »IMG« in Paris anfing, war ich von der Glitzerwelt des Big Business, vom Portfolio von »IMG« beeindruckt wie jeder andere Anfänger auch, und ich ließ mich davon einschüchtern. Dass ich das abgeschüttelt habe, verdanke ich einer 15-Jährigen. Wobei man sich über das Wort »verdanken« streiten kann. Sie hatte ja nicht vor, mich aufzubauen.

Sie hieß Anne, und sie hatte gerade eine »Yohji Yamamoto«-Kampagne hinter sich. Der Fotograf Max Vadukul hatte sie entdeckt, und sie war mir zugeordnet worden. In ihrer ersten Saison in der »Paris Fashion Week« war sie ganz ordentlich im Geschäft gewesen, sie hatte das perfekte Lolita-Gesicht. Jetzt in ihrer zweiten Saison, lief es nicht mehr ganz so gut für sie. Das wurmte sie, was sie aber noch mehr wurmte, war, dass sie nicht für »Dior« gebucht war. Sie wollte unbedingt für »Dior« laufen. Und »Dior«, das wusste ich genau, war für sie nicht drin. Sie hatte für eine 15-Jährige ausgesprochen üppige Formen, und »Dior« mag's nun mal nicht üppig.

Beide passten also absolut nicht zusammen. Sie hätte sich allenfalls aufs »Dior«-Niveau runterhungern können, aber so durchgeknallt war sie dann Gott sei Dank doch nicht. Leider war sie bei der Betrachtung der Wirklichkeit nicht ganz so vernünftig wie bei der Ernährung. Wir saßen abends beim Italiener, und ich hätte mich wirklich gefreut, wenn sie gesagt hätte: »Weißt du was, Peyman? Du hast Recht. Ich bestell mir jetzt einen schönen Teller Nudeln und ein Glas Rotwein, ich genieße, dass ich beides ohne schlechtes Gewissen essen kann und pfeife dafür auf ›Dior‹.« Aber das sagte sie nicht. Sie sagte: »Du hast mich scheiße gemanagt! Du verkaufst mich falsch!«

Innerlich ging mir da der Hut hoch. Aber ich konnte es mir nicht leisten, sie zurechtzustutzen. Sie hatte zu viel Potenzial, es steckte einfach zu viel Geld drin, um sie zu demotivieren. Das ist, als ob man als Trainer Franck Ribery zur Verfügung gestellt kriegt. Man muss den Jungen so motivieren, dass er auch spielt wie Ribery – wenn er sauer ist und nur spielt wie Hubert Holzfuß, dann gibt es Ärger mit dem Chef. Und wenn man ein Model in der Agentur hat, von dem jeder weiß, dass es 500 000 Euro Umsatz bringen könnte, aber nur 5000 bringt, dann schlägt der Ärger beim Agenten auf.

Ihr Vorteil war: Sie hätte einfach der Agentur den Rücken kehren können, und ich wäre dann dagestanden und hätte das vor meinen Chefs verantworten müssen. Ich hatte zu diesem Zeitpunkt noch keinen Rückhalt im Büro, weil niemand wusste, was ich konnte und was ich schon geleistet hatte, und natürlich war ich auch nicht lang genug da, um schon etwas geleistet haben zu können. Also, wem hätte man geglaubt – dem vielversprechenden jungen Model oder dem Agenten aus der Modelprovinzstadt Frankfurt? »Peyman Amin – ist das nicht der, der die Anne vergrault hat? Da habt ihr ja einen schönen Fang gemacht.«

Anne hat das instinktiv gespürt. Sie hat sofort erkannt, dass ich neu war auf dem Gebiet der Modenschauen, dass ich für die großen Fashionshows noch nie gebucht hatte. Ich war noch immer hauptsächlich der Booker für den deutschen Markt, aber man hatte mir die Modewochen anvertraut, und das war eine Riesenchance für mich, mich zu beweisen. Anne hat das schnell begriffen.

Es ist echt seltsam: Da gibt es Menschen, die müssen Tausende Euro ausgeben, um mühsam in Seminaren und Workshops zu lernen, wie man Menschen einschätzt, aber Anne hatte das einfach drauf. Ich hätte schwören können, dass sie meine Schwäche witterte wie ein Hund den Angstschweiß. Heute weiß ich, dass das kein Zufall war: Anne kam selbst aus schwierigen Verhältnissen, und unter solchen Umständen lernt man so was oder man wird ziemlich schnell untergebuttert. Also hat sie richtig gestochert. Wenn du's nicht packst, dann gehe ich zu einer anderen Agentur, drohte sie, oder ich lasse mir einen anderen Agenten geben.

Das Fiese war: Ich hatte nur begrenzte Möglichkeiten. Für die Betreuung der Topdesigner war ich nicht zuständig. »Yves Saint Laurent«, »Dior«, das waren Spitzennamen, die man selbstverständlich nicht dem Greenhorn überlässt, die werden von den Erfahreneren betreut – mein bekanntester Name in der ersten Saison war »Dries van Noten«. Ich musste also meine Kollegen ständig fragen, ob es was

Neues von »Dior« gäbe. Und Anne rief mich umgekehrt ständig an, um dieselbe Fragen zu stellen. Auf dem Weg zum Casting, vor dem Casting, nach dem Casting leuchtete auf meinem Telefon ihre Nummer im Display, und dahinter drohte die ständig gleiche Frage:

»Hast du schon was von ›Dior‹ gehört?«

»Nein.«

»Weißt du was Neues von ›Jean-Paul Gaultier‹?«

»Nein.«

»Was ist mit ›Yves Saint Laurent‹?«

»Kann ich noch nicht sagen.«

Sagen hätte ich es schon können, aber die Wahrheit wollte sie ja nicht hören. Es war ein einziger Nervenkrieg: Wer gibt zuerst auf – Anne oder ich oder »Jean-Paul Gaultier«? Wenn ich eines Tages mal Kinder habe und die quengeln auf dem Rücksitz, wann wir endlich da sind – ich schwöre, ich werde in diesen Augenblicken an Anne denken, und im Vergleich dazu wird das übelste Kindergenöle für mich so erholsam sein wie Meeresrauschen.

Man darf dabei ihre Position nicht unterschätzen, es war nicht so, dass sie mit leeren Händen gepokert hätte. Sie war eines der neuen Mädchen bei »IMG«, und es ist für eine Agentur auch wichtig, neue Gesichter hochzubringen, selbst, wenn sie so viele Stars im Stall hat wie »IMG«. Die Scouts achten da sehr drauf, denn die wollen ihre neuen Gesichter wiederum bei einer Agentur unterbringen, die viel aus ihnen rausholt – wenn die Talente dort regelmäßig scheitern wie die Nachwuchskicker beim FC Bayern, bietet man sie ihnen langfristig einfach nicht mehr an.

Was mir am meisten wehtat, war, dass ich bislang schon allerhand für sie erreicht hatte. Dass sie die Kampagne für »Chance«, ein Duft von »Chanel«, machen durfte, war auf meinem Mist gewachsen, ich hatte mich in den Konferenzen für sie ins Zeug gelegt. Und dass ich selbst sie nicht geeignet für »Dior« fand, hieß nicht, dass ich mich nicht trotzdem für sie reingehängt hatte. Der Job ist ein Geben und Nehmen, und wenn mich ein Model nicht enttäuscht und ich umgekehrt mitbekomme, dass »Dior« eine Herzenssache für es ist, dann setze ich Himmel und Hölle in Bewegung, um ihm diesen Wunsch zu erfüllen. Schon rein sportlich ist das ja auch eine Herausforderung, und wenn ich »Dior« für Anne bekommen hätte, hätte ich mir natürlich auch eine kleine Kerbe in den Messergriff geschnitzt. Das Getuschel hätte mich doch selbst am meisten gefreut: »Hast du gehört, Peyman hat Anne bei ›Dior‹ reingedrückt – Himmel, wie hat der Kerl das gemacht?« Und ich war natürlich auch enttäuscht, dass es nicht klappte. Aber jeder, der die Branche auch nur halbwegs kennt, wusste, dass Anne in den Augen von »Dior« nicht viel schlanker war als Angela Merkel – und Anne gab mir die Schuld dafür.

»Wieso hab ich ›Dior‹ nicht gekriegt? Wieso hast du mir ›Dior‹ nicht besorgt? Hast überhaupt angerufen? Irgendwelchen Kleinscheiß kriegt man von dir, irgendwelche Mistjobs, aber wenn ich einmal was Anständiges laufen will, versaust du's! «

Alles, was ich tun konnte, war Dawn um Hilfe zu bitten oder die Kollegen. »Dior« war schließlich nicht mein Kunde, ich hatte ja auch nicht direkt mit ihm telefoniert. Dawn nahm den Hörer und erklärte Anne, wie und warum sich der Kunde gegen sie entschieden hatte. Das war natürlich auch eines von Annes Spielchen, das mein Standing nicht wirklich verbesserte: Der Chef oder ein Kollege muss es ihr erklären, dafür reicht Peymans Kompetenz nicht aus. Sie wollte mich spüren lassen, dass sie jederzeit mit den arrivierten Leuten neben mir sprechen konnte, dass die sich für sie natürlich Zeit nahmen, weil sie so superwichtig war, dass sie sozusagen für Anne nochmal über meine Arbeit drübersahen und ihr erklärten, dass Peyman durchaus ganz richtig gehandelt hatte; aber das ist schön, Anne, dass du nochmal nachfragst, kein Problem, er ist halt noch neu, aber er bemüht sich wirklich, ja, wir lieben dich auch. Wie wenn man im Lokal den Geschäftsführer kommen lässt. Der wird sich zwar auch vor seinen Mitarbeiter stellen, aber alle sehen sofort, dass wegen der kleinen Dame der Geschäftsführer kam. Und sofort rattert es in allen Köpfen: Warum musste der jetzt kommen? Lief da was falsch? Was lief da falsch? Und es bleiben bei allen zwei Dinge hängen: Die kleine Dame kann jederzeit den Geschäftsführer kommen lassen. Und der Geschäftsführer kam wegen irgendeiner Sache mit Kellner Peyman. Und wenn alle Kellner Peyman kennen und wissen, dass der seinen Job beherrscht, ist das kein Problem, da grinsen sie ihm zu und sagen: »Klar, ist mir auch schon passiert.« Aber wenn sie ihn nicht kennen, denken sie: »Oha, der Neue.«

Ich merkte, dass ich keine Lust auf so was hatte. Das war nicht mein Ding, diese Haute-Couture-Ego-Welt. Ich betreute Heidi Klum zu ihrer Zufriedenheit, ich betreute Rebecca Romijn, ohne dass es Beschwerden gab, und ich hatte keine Lust, mir von einer verwöhnten, gehypten 15-jährigen Göre diese Scheiße anhören zu müssen. Ich weiß, niemand steckt gern ein, niemand lässt sich wirklich begeistert kritisieren, und ehrlich: Wenn irgendjemand ihr kurze Zeit später »Dior« verschafft hätte, wäre ich der Erste, der Asche auf sein Haupt streuselt und seinen Irrtum eingesteht, so schwer mir so was fällt. Aber ich lag mit meiner Einschätzung nicht daneben: Bis heute ist Anne zwar selbstverständlich bei vielen Prêt-à-porter-Shows namhafter Label gelaufen, aber sie hat nie ein Haute-Couture-Engagement gekriegt. Wenn Sie wissen möchten, warum, können Sie einfach mal das Video von Alanis Morissettes Single *Out Is Through* angucken. Anne ist das Mädchen, das Alanis hinterherläuft – und diesen Job bekam sie deshalb, weil sie eben NICHT aussieht wie ein Magermodel, sondern wie eine Frau mit einer normalen sportlichen Figur.

Andererseits habe ich aus der Sache enorm viel gelernt. Ich habe mir geschworen, dass ich so was nicht mehr mitmache. Ich habe nie wieder zugelassen, dass sich ein Model so aus der Verantwortung stiehlt. Und ich habe meine Rolle klarer definiert: Ich bin nicht der Manager des Models, ich bin sein Agent. Ich bin nicht dafür da, alle Wünsche zu erfüllen, ich bin dafür da, alle Beteiligten möglichst zufriedenzustellen, und dazu gehört nun mal auch der Kunde. Wenn das Model jemanden sucht, der ihm Zucker ins Ohr bläst, der ihm vorflötet, dass es schauspielern kann wie Meryl Streep, singen wie Celine Dion und dass allein eine Berührung durch seine kostbaren Füßchen jeden Dreck zu Gold verwandelt, dann soll es sich einen Personal Assistant anheuern, aber das ist verdammt nochmal nicht mein Job. Manche Kollegen sind durch diesen Zwiespalt ins Schleudern geraten, die haben nur noch das Model gesehen und den Kunden allmählich komplett aus den Augen verloren. Aber die Erfahrung mit Anne war letztlich verantwortlich dafür, dass ich bei »IMG« in Paris meinen Weg an die Spitze gemacht habe.

Couch ohne Besetzung

Es mag überraschend klingen, aber ausgerechnet in dieser Branche voller schöner Frauen ist Sex keine Währung. Oder wenn, dann nur auf einem sehr niedrigen Level, sagen wir, dem klassischen Spring-mit-mir-ins-Bett-und-ich-bring-dich-groß-raus – der Standardanmache von Typen aus der Dorfdisco, die sich grade für 20 Euro Visitenkarten haben machen lassen. Normale Scouts machen das nicht. Üblicherweise wird man auch nicht in einer Dorfdisco entdeckt, um nicht zu sagen: überhaupt nirgends, wo die Lichtverhältnisses schwummrig-schummrig sind. Aber das sagt einem ja schon der gesunde Menschenverstand, dass man kein Model entdecken kann, wenn's dunkel ist. Wie soll man denn da beurteilen, wie es aussieht …? Also: Wenn so ein Angebot auf den Tisch kommt, können Sie bestenfalls hoffen, dass der Sex was taugt – die versprochene Modelkarriere taugt garantiert nichts.

Darüber hinaus spielt Sex bei uns kaum eine Rolle. Dieses Hollywood-Syndrom, die Masche mit der Besetzungscouch – im Modelbusiness passiert das einfach nicht. Models versuchen nicht, ihre Agenten zu bezirzen, damit die ihnen bessere oder andere Jobs vermitteln. Warum sollte ein Agent das auch tun? Die Erfolgsaussichten

Der Agent, dem die Frauen vertrauen: Luca Gadjus, ich und Sarah Schulz (v. l.) im Restaurant »Maison Blanche« in Paris.

bei Castings sind ja sowieso nicht immer sonderlich rosig, warum also sollte er eine schlechtere Kandidatin für einen Termin vermitteln, für den er auch eine bessere hätte? Wenn sie den Job nicht holt, verdient er schließlich nichts – was bedeuten würde, dass er für den Sex letzten Endes bezahlen würde, und zwar mit geringeren Provisionen. Und das ist für alle Beteiligten derart einleuchtend, dass die Idee überhaupt gar nicht erst aufkommt. Was jedoch in Extremfällen vorkommen kann, sind Übergriffe.

Tatsache ist, dass wir mit vielen, unglaublich gut aussehenden Frauen und Mädchen zusammenarbeiten. Das ist so, wie auch in anderen Firmen, nur dass sämtliche Mitarbeiterinnen extrem hübsch sind und man ihnen näher kommt als in einem normalen Nine-to-Five-Job. Sie haben vielleicht die berühmten Geschichten von Weihnachtsfeiern gehört, bei denen der eine oder andere Mann plötzlich beschließt, die Sekretärin abzuschleppen? Oder gar erst beschwipst zu machen und dann abzuschleppen? In unserem Job gibt es extrem viele Weihnachtsfeiern. Und die Frauen sehen nicht aus wie die durchschnittliche nette Sekretärin, sie sehen aus wie Topmodels. Das soll nichts entschuldigen, man sollte es aber auch nie aus den Augen verlieren: Es ist in unserer Branche – wie in anderen Branchen auch – nie ausgeschlossen, dass irgendein Schwachkopf plötzlich auf dumme Gedanken kommt.

Das muss nicht immer dramatische Formen annehmen. Man begleitet Models zu Terminen, man geht abends mit ihnen aus; es gibt mehr als einen Kollegen, die das Ausgehen mit Models, das Gesehenwerden-mit-wunderschönen-Frauen auch bewusst instrumentalisieren. Das kann man für albern halten, ich selbst halte das sogar für extrem bescheuert, weil ich mir immer denke: Das weiß doch jeder, dass ein Agent, der abends mehr oder weniger beruflich mit seinem Model noch ein Bier trinkt, nicht deswegen mit ihr die Supervorzeigefreundin an seiner Seite hat. Wie dämlich muss man also sein, dass man hofft, dass andere Leute das glauben? Aber das ist vermutlich auch ein bisschen naiv von mir: Ein Blick in die People-Magazine, in die Celebrity-Sendungen, auf die Fotos von irgendwelchen Galas und Preisverleihungen zeigt ja, dass es für manche Menschen furchtbar wichtig ist, bei offiziellen Anlässen mit jemandem Vorzeigbares auftauchen. Dass es Menschen aufwertet, neben schönen Menschen gesehen zu werden. Und zugegeben, letztlich ist das nur konsequent: In den Parfumwerbekampagnen geht es ja um nichts anderes, als dass ein Duft neben einem schönen Menschen präsentiert wird, wer wüsste das besser als ich? Ich wundere mich nur immer, dass die Leute mit sich selbst im Grunde nicht anders umgehen als mit einem Parfumfläschchen. Ich meine, wenn man sich das mal durch den Kopf gehen lässt, dann bringt man doch mit dem Prinzip »Selbstaufwertung durch Ausgehen mit einem Topmodel« nichts anderes zum Ausdruck als »Seht her! Ich bin so toll wie der neue Duft von ›Chanel‹!«

Und der mag so exzellent und betörend sein, wie er will: Diese Vorstellung ist schon ein bisschen schwachsinnig. Selbst in seiner hochwertigsten Form ist ein Parfumfläschchen nun einmal nichts anderes als ein Parfumfläschchen. Aber das ist im Wesentlichen eine harmlose Version des Modelausbeutens, damit ist eigentlich niemandem geschadet, und wer's machen will, bitte, der soll es eben so machen. Aber in mindestens einem Fall habe ich mitbekommen, wie die Sache richtig unangenehm wurde.

Ein Kollege bei einer großen Modelagentur war relativ bekannt dafür, viel mit Models unterwegs zu sein und brüstete sich auch gerne mal damit, dass mit der einen oder anderen angeblich schon was gelaufen war. Ob es stimmt, weiß ich nicht, wenn einem im Betrieb der Hausmeister ungefragt seine Bettgeschichten aufhalst, dann muss das ja auch nicht unbedingt wahr sein, manche Männer reden einfach lieber über Sex als über ihre Arbeit. Aber als mich während einer Modewoche ein befreundetes Model morgens anrief und fragte, ob es sich mit mir treffen könnte, habe ich schon am Klang seiner Stimme gemerkt, dass da was ziemlich Unangenehmes los gewesen sein musste. Ich schlug einen »Starbuck's Coffeeshop« in der Nähe vor, hell, ausreichend belebt, ich spürte, dass ihr das in diesem Moment wichtig war.

Sie war am Vorabend mit dem Agenten unterwegs gewesen, mit ihm und einigen anderen Models. Sie hatten alle mehr getrunken, als vernünftig war, was bei Models auch oft schneller passiert, weil sie gerade eben nicht über die Pölsterchen und überflüssigen Pfunde verfügen, die die Wirkung des Alkohols zumindest etwas abfedern könnten. Dabei war es spät geworden. Der Agent bot ihr an, dass sie bei ihm übernachten könnte, und sie lehnte vehement ab, weil sie sogar in ihrem beschwipsten Zustand das Ziel seiner Einladung und damit den weiteren Verlauf des Abends ziemlich genau abschätzen konnte. Die Gruppe brach den Abend rasch ab, alle teilten sich ein Taxi, und auf der Heimfahrt duselte das Model weg. Als sie wieder zu sich kam, stand das Taxi vor dem Haus des Agenten und er mühte sich, sie aufzuwecken und hochzutransportieren. Sie protestierte, aber letztlich war sie zu müde, und der Agent schwor Stein und Bein, dass sie sein Bett bekäme und er das Sofa nehmen würde und Gedanken bräuchte sie sich sowieso nicht zu machen. Geschafft, wie das Model war, gab es nach, verschwand in seinem Bett, und wer befürchtungsgemäß wirklich nicht verschwand, war der Agent. Er quatschte auf sie ein, drängte sich an sie und irgendwann gab sie nach, um Ruhe zu haben. Es war keine brutale Vergewaltigung, das mag sein, aber Tatsache war: Wenn es nach dem Model gegangen wäre, hätte das Ganze niemals stattgefunden, und wenn es auch nur in einem halbwegs widerstandsfähigen Zustand gewesen wäre, wäre es niemals auch nur in die Nähe seiner Wohnung gekommen.

Das Model fragte mich, was es tun sollte, und ich riet ihm, unbedingt bei der Polizei Anzeige zu erstatten, den Vorfall aber mindestens der Agentur zu schildern. Und ich hätte wohl noch mehr auf eine Anzeige bei der Polizei drängen sollen. Aber letzten Endes hatte sie

Bedenken, weil sie keine Beweise hatte. Weil ihre Aussage gegen seine gestanden wäre und sie in jedem Fall Unannehmlichkeiten und die Öffentlichkeit befürchten musste. Das war für mich das Bitterste an der Affäre: Ich saß daneben und konnte nicht viel tun. Ich habe mich damals gefragt, ob ich nicht einfach selbst die Anzeige hätte machen sollen. Aber was hätte das gebracht? Ich war ja nicht mal Zeuge des Vorfalls. Ich hätte ihr zudem das aufgehalst, was sie am meisten befürchtete, nämlich dass die Geschichte groß und breit die Runde machte. Und ich hätte ihr Vertrauen missbraucht, weil ich eben nicht die Klappe gehalten hätte zu einer Geschichte, die sie mir unter dem Siegel der Verschwiegenheit anvertraut hatte.

Wir einigten uns traurig auf die Mindestlösung: Das Model informierte seine Agentur. Es gab einen kleinen internen Skandal, und ich wäre froh, wenn ich hier erzählen könnte, dass der Kerl sofort hochkant aus dem Laden rausgeflogen wäre. Er hatte sich benommen wie ein wirklich fieses Arschloch, da kann ich leider kein druckfähigeres Wort verwenden. Als Agent hat man seine Models zu beschützen. Sie vertrauen sich einem an, das ist genauso wie bei einem Trainer und seinen Sportlern, bei Lehrern und Schülern. Sie suchen Schutz, sie ahnen nichts Böses, und wer diese Position missbraucht – also, das ist selbst unter A...ern noch eine besonders widerliche Kategorie.

Aber er flog nicht raus. Er bekam einen Rüffel, er bekam Ärger, aber er flog nicht raus. Es gab sogar böse Gerüchte, das läge daran, dass er sexuell zweigleisig unterwegs und auch in dieser Hinsicht ziemlich gut vernetzt sei, aber ich glaube nicht so recht daran. Die Branche lästert einfach viel zu gern, als dass man das alles für bare Münze nehmen dürfte. Erfahrungsgemäß ist die einfache Erklärung meist auch die wahrscheinlichere, und die lautet in diesem Fall: Gute

Booker sind einfach schwer zu bekommen. Und viele Chefs würden sicher ähnlich entscheiden: Bevor ich einen Mann, der guten Umsatz bringt, endgültig rausschmeiße, haue ich ihm lieber mal anständig auf die Finger und hoffe, dass sich das Problem so lösen lässt. Der eindeutig falsche Schritt, denn Vertrauen ist die Grundlage unseres Berufs.

Andererseits: Es war ein Extremfall, und es ist nicht so, dass man solche Geschichten an allen Ecken hört. Ich erinnere nochmal an die »Besetzungscouch« – im Filmgeschäft ist sie sprichwörtlich geworden, im Modelbusiness gibt es keinen entsprechenden Begriff, was deutlich für eine saubere Branche spricht. Sex spielt wirklich keine große Rolle. Erstaunlich, aber es ist so.

Action, not Words! Schluss mit dem Hungerdoping

Heroin-Chic. Magermodels. Frauen mit hervorstehenden Wangenknochen. Oberarme, die man sofort mittels künstlicher Ernährung aufpäppeln möchte. Es stimmt: Man kann über das Gewicht von Topmodels streiten. Ich kann es aber als Agent nicht ändern. Bestimmte Kunden ordern bestimmte Models, und wenn ich sie nicht vermittle, wird es ein anderer tun. Ich kann sehr gut nachvollziehen, dass viele Menschen es für Wahnsinn halten, welche Models in welcher Konstitution über den Laufsteg geschickt werden. Aber ich kann den Leuten, die diese Mädchen ausstatten, nicht vorschreiben, wen sie anfordern sollen. Was mich viel stärker irritiert, ist, dass trotz der Klagen in der Öffentlichkeit unterm Strich kaum jemand wirklich effektiv einschreitet. Man muss sich ja nur mal vorstellen, was passiert, wenn in einem Büro die Beleuchtung zu schlecht ist oder die Stühle zu alt sind. Oder wenn an einer Baustelle die Arbeiter ohne Helm unterwegs sind: Da gäbe es eine Gewerbeaufsicht, und es würde sofort Anzeigen hageln. Für Models gibt es das nicht. Ich will das jetzt nicht unbedingt einfordern, alles was ich zunächst sagen möchte, ist: Es gibt niemanden, der darauf achtet. Was zunächst einmal zeigt, dass die zuständigen Stellen das nicht für wich-

tig halten. Für sie ist das offenbar ein Luxusproblem. Aber ist es das wirklich?

Parallel dazu protestiert die Öffentlichkeit gegen Übergewicht und magersüchtige Jugendliche – es gibt also in großen Teilen der Bevölkerung ein Problem mit der Gesundheit und Figur. Es werden Initiativen für gesunde Ernährung gestartet, für mehr Sport, woraus man wiederum etwas schließen kann: Dass man in Deutschland Gesundheit vor allem als Ernährungs- und Bewegungssache betrachtet. Doch entscheidend ist noch immer der Kopf – und das Ziel, das er sich setzt: Wer dünn und dünner sein will wie eine Mariacarla Boscono oder eine Kate Moss, für den ist es egal, von was

Der Blickfang der »Berlin Fashion Week«: Vivienne Westwood und ich (im Hintergrund: *Topmodel*-Gewinnerin Jennifer Hof).

Mit Models, die bedrücken, macht er Mode, die auch mich begeistert: Karl Lagerfeld und ich bei der »20 Jahre deutsche *Elle*«-Feier 2008 in Berlin.

er dafür zu wenig isst. Und der will auch keine Muskelpakete. Es ist Unsinn, den Leuten zu sagen: »Ernährt euch gesund!«, wenn ich zugleich zulasse, dass Vorbilder durch die Medien laufen, die signalisieren: »Sieh krank aus.«

Die Models, die sich diesem Figurdiktat unterwerfen, werden dazu nicht gezwungen – sie wollen das. Sie machen das ebenso freiwillig wie Ben Johnson bei seinem Olympiasieg gedopt hat. So, wie er seine Leistung nur mit unerlaubten Mitteln abrufen konnte, können Models diese Figuren nur durch Hungerdoping erreichen. Und so, wie Jan Ullrich jahrelang als sportliches Vorbild durch die Republik gereicht wurde, ist die Figur dieser Models Vorbild für Millionen. Doping ist verboten. Hungern nicht. Der Magerwahn wird beklagt, aber nicht bekämpft. Warum eigentlich?

In meinen Augen zeigt die Diskussion um den Schlankheitswahn bislang vor allem eines: Dass die Streitenden Mode und ihre Folgen nie ernst genommen haben. Sie verwechseln Mode mit simpler Kleiderherstellung. Und wer das tut, der ist vor allem zweierlei: ignorant und arrogant. Ignorant, weil er sich weigert, die Tatsachen zur Kenntnis zu nehmen. Arrogant, weil er glaubt, er habe es nicht nötig, sich mit dem Thema richtig zu befassen. Das ist so ähnlich wie bei Leuten, die klassische Musik für Kunst halten, Pop aber nicht. Was Kunst angeht ist derlei nicht so schlimm. Wer aber beim Thema Schlankheitswahn das Thema Mode derart hochnäsig ignoriert, begeht in meinen Augen eine Art fahrlässiger Körperverletzung, und das im großen Stil. Das ist hart gesagt, aber es ist so.

Mode ist Macht

Mode ist nicht nur Kleiderfabrikation. Mode ist Ausdruck der Persönlichkeit. Wer nackt herumläuft, hat nur seine Haut – doch schon, wer eine Socke anzieht, trifft damit eine Wahl. Welche Socke zieht er an? Welche Farbe? Welches Material? Welcher Preis? Über den nackten Mann wissen wir nur, in welcher körperlichen Verfassung er ist, sonst nichts. Seine Socke verrät uns viel mehr: Wir wissen, mit welcher Socke er gesehen werden möchte. Ob er eine auffällige

Farbe wählt, eine gedeckte, ob er sich teure Socken leisten kann. Am nächsten Tag können wir unseren Eindruck überprüfen, sehen, ob er sich überhaupt Mühe mit der Sockenauswahl macht. Selbst wenn wir nie ein Wort mit ihm wechseln, wenn wir ihn täglich nur nackt mit einer Socke vorbeigehen sehen, werden wir anfangen, die Socke zu vergleichen. Und damit den Mann von gestern mit dem Mann von heute. Wieso ist seine Socke heute plötzlich neongrün? Hat er heute was zu feiern? Umgekehrt kann der Mann anhand der Socke steuern, welchen Eindruck wir von ihm haben. Und wenn schon eine einzige Socke diese Wirkung hat, welche Wirkung hat dann erst das komplette Outfit?

Mode ist heute mehr Macht

Das ist nur eine Seite der Medaille. Die oben beschriebene Wirkung hatte Mode schon immer. Die zweite Seite ist, dass diese Wirkung immer mehr an Bedeutung gewinnt. Wir müssen mit offenen Augen durch die Welt gehen. Und wir müssen einsehen, dass die Oberfläche immer wichtiger wird als der Inhalt. Man mag das bedauern, aber wir werden es nicht aufhalten. Nur, weil wir immer mehr kommunizieren, heißt das nicht, dass wir die Menschen immer besser kennen. Wir beurteilen sie anhand ihrer »Facebook«-Seite, anhand ihres Internetauftritts, anhand ihrer SMS, ihrer E-Mails. Früher hatten Sie drei wirklich gute Freunde, heute haben Sie stattdessen 30 Chatpartner, die Sie vielleicht noch nie wirklich gesehen haben. Die Oberfläche wird heute häufiger beurteilt als der Inhalt.

Das ist der Grund, weshalb das Image immer mehr über unsere Beurteilung durch unsere Mitmenschen entscheidet. Weshalb ein Hype wie der um das Model Twiggy vor 40 Jahren noch nicht dieselben Folgen hatte, wie er es heute hat. Und je jünger man ist, je unsicherer man ist, desto weniger kann man sich diesem Sog zum idealen Image entziehen.

Das ist die wahre Bedeutung von Mode. Erst wer diese Bedeutung begriffen hat, kann sich klarmachen, welche Macht hinter Mode steckt.

Diese Macht liegt bei den Haute Couturiers

Mode entsteht nicht aus dem Nichts. Die Modeindustrie filtert, die Modepresse filtert, aber die entscheidenden Impulse kommen von den Haute Couturiers. Was heute Haute Couture ist, ist morgen Prêt-à-porter und übermorgen in den Regalen bei »C&A«. Sie können die Spur auch umgekehrt verfolgen. Bei »C&A« sind nicht die großen Ideen, auch nicht bei »Zara«, sie sind Nachahmer. Nachahmer großer Marken. Sicher, je weiter sie dabei nach oben kommen, desto mehr kreativer Eigen-Input der Markenverantwortlichen kommt hinzu, aber über die großen Linien der Saison entscheidet die Haute Couture: »Dior«, »Chanel«, »Givenchy«, »Prada« und Co.

Wer kontrolliert diese Macht?

Die Antwort auf diese Frage ist einfach: niemand.

Jeder Schraubenhersteller wird besser kontrolliert als die Haute Couturiers. Weil die Politik die Macht der Mode unterschätzt. Die Fantasie von Politikern reicht zwar so weit sich vorzustellen, dass an Schrauben Brücken hängen, nicht jedoch so weit, zu bemerken, dass Mode die Lebenswirklichkeit von Millionen Menschen beeinflusst. Das ist, als gäbe es keinen TÜV. Als wäre es völlig egal, in welchem Zustand Millionen Autos herumfahren. Als würde man die Verantwortung für diese Autos einfach in die Hände der Hersteller geben.

Wie verantwortungsbewusst sind die Haute Couturiers?

Eine noch einfachere Antwort: gar nicht.

Karl Lagerfeld drückt sich besonders schön vor seiner Verantwortung. »Ich mache nur Vorschläge«, sagt er. Es ist ein bisschen naiv, einerseits Ovationen als Modepapst entgegenzunehmen, aber gleichzeitig zu behaupten, man hätte keinen Einfluss. Doch Lagerfeld kultiviert diese Naivität bis hin zur Gleichgültigkeit, mit der er nicht nur kokettiert: Lagerfeld trägt seine Gleichgültigkeit vor sich her wie eine Monstranz. Sie hat nämlich einen praktischen Vorteil: Sie schützt ihn vor der Verantwortung und gewährleistet ihm künstlerische Freiheit. Und er steht dazu: »Ich habe mein ganzes Leben damit zugebracht, der Realität zu entgehen«, sagt er in Interviews. »Das Denken ist genau das, was ich zu vermeiden versuche. Ich möchte ein angenehmes Leben ohne Probleme haben. Ich bin Egoist.«

Wobei man ihm zugestehen muss: Das ist zwar gewissenlos, aber nicht illegal. Und Lagerfeld ist damit nicht allein.

Alexandra Shulman, die Chefredakteurin der britischen *Vogue*, hat im vergangenen Sommer in einem offenen Brief an die Stardesigner von »Chanel«, »Dior«, »Prada«, »Versace«, »Yves Saint Laurent« und »Balenciaga« geklagt, dass ihre Entwürfe keinem Model mehr passen würden. Man greift sich an den Kopf, wenn man sich klarmacht, dass ausgerechnet Shulman, die dem »Size-Zero«-Boom durchaus lange und viel Platz im Heft eingeräumt hat, noch früher aktiv wird als die Politik, früher als der Gesetzgeber.

Die Grünen hofften Ende 2007 noch auf eine Selbstverpflichtung der Modeunternehmen. Ist das sinnvoll? Die *Frankfurter Allgemeine* zitiert Karl Lagerfeld mit »Ich habe die Mentalität eines Serienmörders.« Und da hoffen die Grünen auf tiefere Einsicht. Niedlich.

Was ist zu tun?

Nicht viel, das ist ja das Verblüffende.

Es braucht keinen Kodex wie in Italien. Man kann einfach beim Sport abkupfern. Bei den Skispringern. Denn die hatten jahrzehntelang dasselbe Problem wie die Modebranche: Wer leichter ist, fliegt weiter. Es gab Jahre, in denen unsere Skispringer aussahen wie gleitende Gespenster. Das ging so lange weiter, bis 2004 ein verbindlicher Body-Mass-Index für Skisportler vorgeschrieben wurde. Es gibt keinen Grund, das nicht auch bei Models zu tun. Wer auf dem Laufsteg unterwegs ist, sollte einen Mindest-BMI-Wert einhalten. Für die Einhaltung garantieren die Agenturen. Deutschlandweit. Europaweit. Weltweit. Wenn sich die Skiverbände der ganzen Welt da einigen können, müssten es auch die Gesetzgeber können. Fertig.

Die Folge wäre banal, aber wichtig: Alle Designer müssten mit Mindestmaßen arbeiten. Gleiche Voraussetzungen für alle. Dann kann Karl Lagerfeld seine Version der Schlankheit an normalen Menschen verwirklichen.

Ist das ein Eingriff in die Freiheit der Kunst? Möglich, aber der ist genauso zumutbar wie ein Autodesigner bei seinem Entwurf die Kriterien der Straßentauglichkeit einhalten muss. Und es ist von einem Modedesigner nicht zu viel verlangt, dass sich seine Entwürfe an der menschlichen Figur orientieren, nicht an der Figur, die die Fashionkünstler für menschlich erklären.

Wenn sie der Mensch bei ihrer Arbeit stört, sollen sie zum Industriedesign wechseln.

The Making of: Scouts

Wie kommen die Lagerfelds, warum kommen die Gallianos, die Calvin Kleins, die Dolce & Gabbanas dieser Welt an ihre superschlanken Models? Warum sind ihnen offenbar keine Grenzen gesetzt? Warum findet sich nach jedem dünnen Model ein neues, noch dünneres? Die Antwort ist einfach: Geld. Man muss sich darüber im Klaren sein, dass es nicht nur eine Industrie gibt, die vom Vermitteln von Models lebt, eben die Branche, in der auch ich gearbeitet habe – es gibt auch eine Industrie, die vom Finden jener Models lebt. Es gibt Experten, Profientdecker, die den Markt mit neuen Gesichtern versorgen. Diese Experten sind die Scouts.

Der Beruf des Modelscouts wird oft verklärt. Das ist dann der Typ, der immer die Augen offen hat und in Cafés die jungen Talente entdeckt. Was sicher nicht ausgeschlossen ist, und ein Scout wäre auch extrem blöd, wenn er ausgerechnet in Cafés seine Augen *nicht* offen hätte, aber tatsächlich geht der Scout systematischer vor. Es geht darum, möglichst viele Mädchen zu scannen, und da kann man sich nicht darauf verlassen, dass die gerade alle im Stammcafé an der Ecke vorbeigucken. Man muss im großen Stil suchen, und man muss da suchen, wo nicht alle nachsehen. Also gehen die Scouts über die

Dörfer. Sie veranstalten dort eigene Castings und überprüfen bei Hunderten von Frauen, ob sie Potenzial haben.

Potenzial ist der Standardbegriff in unserem Geschäft: Hat ein Model Potenzial? Das hört sich eigentlich ganz nett an, das klingt wie »ist sie talentiert«? Und in einem gewissen Sinne bedeutet es das auch, irgendwie, aber wenn man diese Aussage ganz hart auf ihren Kern reduziert, dann besagt sie vor allem eines: mit ihr ist Geld zu machen. Und um nun das Vorgehen der Scouts zu begreifen, muss man verstehen, wie ein Scout Geld macht. Er wird nämlich nicht nach Menge bezahlt. Es ist nicht so, dass der Scout ein Dutzend Models findet und dafür eine Prämie bekommt wie ein Kopfgeldjäger.

Der Scout erhält zehn Prozent von den Einnahmen des Models. Meistens auf Lebenszeit. Je besser ein Model verdient, desto mehr verdient der Scout. Also will der Scout nicht derjenige sein, der die meisten Models entdeckt. Er will derjenige sein, der die Models mit dem größten Potenzial entdeckt, mit den höchsten zu erwartenden Einnahmen. Er wird natürlich auch durchschnittliche Models notieren, vermitteln, entdecken, sozusagen seine Brot-und-Butter-Models. Aber er wird vor allem nach der Goldmine suchen. Dem Wundernugget, nach dem Model One-in-a-Million. Dreimal dürfen Sie raten, welche Models das sind. Richtig: Es sind die superschlanken, superdünnen.

Dabei bekommen die nicht mal mehr Jobs als andere. Es ist auch nicht so, dass bei »Dior« oder »Chanel« irrsinnige Laufsteggagen gezahlt werden. Der Jackpot, den es zu knacken gilt, ist die Werbung. Viele Designer wählen jene Models, die ihre Düfte oder Kosmetika in lukrativen Werbekampagnen präsentieren sollen, aus den Models ihrer Laufstegtruppe aus. Hier steckt das ganz große Geld, hier können das Model und damit auch der Scout Summen verdienen, die mit figurfreundlicherer Katalogarbeit nie und nimmer zu erwirtschaften sind. Der Weg in den Lostopf mit den Werbehauptgewinnen führt über den Laufsteg, und damit über die Schlankheitsträume der Designer. Dünne Models sind also für den Scout ein Teilnahmeschein an dieser Millionen-Lotterie. Würden die Designer ihre Werbung mit ihren altgedienten Sekretärinnen bestreiten, wäre sofort viel weniger Druck hinter der Suche nach immer dünneren Mädchen und mehr Druck hinter der Arbeitsvermittlung von Frauen um die 50. Weil die Designer aber lieber auf dem Catwalk suchen, bringen die Scouts immer mehr Frauen mit immer weniger Gewicht an den Start.

Der Scout will aber nicht nur liefern, er will mit seiner Lieferung auch auffallen. Er will das beste Los im Lostopf haben. Er arbeitet dabei ziemlich genau wie Seriengewinner bei Preisausschreiben: Die senden nicht einfach das Lösungswort ein, die nehmen eine besonders große, besonders auffällige Postkarte. Und wenn der Designer immer schlankere Models will, wird der Scout immer schlankere Models suchen und liefern. Er wird dabei schlankere Models finden, als der Designer erwartet hat. Und im nächsten Jahr wird der Designer daraufhin *noch* schlankere Models erwarten. So schrauben beide Seiten ihre Vorstellungen von »schlank« wechselseitig in die Höhe. Und die Werbung ist der Turbo in der ganzen Sache. Das System rotiert so lange, bis die Frauen, die der Scout findet, für den Designer nicht mehr zumutbar sind. Dann wechselt der Scout zu jüngeren Frauen – Mädchen.

Wir haben inzwischen im Modelbusiness einen Zustand erreicht, der an den im Frauenturnen erinnert: Sie finden unter den Turnerinnen – trotz olympischem Mindestalter von 16 Jahren – derzeit kaum eine Sportlerin, für die der Begriff »Frau« angemessen ist, dafür sind sie zu zierlich, zu jung. Weil sie in diesem Alter noch biegsamer, belastbarer sind für die Verrenkungen und Sprünge, die man für Goldmedaillen draufhaben muss. Genauso werden die aussichtsreichsten Models derzeit im Alter von 14, 15 Jahren gecastet. Gerne in Osteuropa, weil sie dort in dem Alter noch etwas schlanker sind. Die gefundenen Models vermittelt der Scout dann an Agenturen. Die Agenturen spielen dabei mit. Sie wollen es nicht anders, aber sie können auch gar nicht anders.

Denn die Agenturen sind wiederum von den Scouts abhängig. Weil: Die Experten, die die schlanken Models entdecken, entdecken auch andere. Sie sind diejenigen, die diese Welt nach ihren schönsten Gesichtern durchforsten. Eine Agentur, selbst eine so namhafte wie »IMG«, kann das unmöglich selbst machen. Ein guter Scout weiß, wie er vor Ort mit den Eltern des Models umgehen muss, er kennt sich mit den Behörden aus, weiß, wo man Visa bekommt, er ist letztlich derjenige, der das Model ins Flugzeug setzt. Das Einzige, was ihm fehlt, sind Kundenkontakte. Doch die Scouts achten sorgsam darauf, was die Agenturen mit ihren Funden machen. Wir erinnern uns: Der Scout hat mit seinem Model nicht nur ein hübsches Gesicht entdeckt, sondern Potenzial. Und er überprüft natürlich, was die Agentur aus dem Potenzial macht. Es ist, als ob er der Agentur einen 30-Tonnen-Sattelschlepper an die Hand gegeben hätte – da will er nicht anschließend feststellen, dass die Agentur damit immer nur in der Tempo-30-Zone zwei Streichholzschachteln um den Häuserblock fährt. Wenn die Agentur das macht, gibt der Scout den Sattelschlepper nächstes Mal lieber jemandem, der damit richtig Umsatz macht, und so ist es mit den Models auch. Wenn er eine 15-jährige Ukrainerin gefunden hat, die in zwei Jahren gut eine Million Euro Umsatz machen kann, und er merkt an seinem Kontostand, dass die Agentur aus ihr nur 100 000 Euro rausholt, dann sieht er sich das vielleicht eine Weile mit an, aber das nächste Talent empfiehlt er daraufhin der Konkurrenz. Und das gilt nicht nur für das nächste Laufstegtalent, sondern auch für die guten Katalogmodels.

Insofern war mir aber auch klar, dass ich durch meinen Rückzug aus der Laufstegvermittlung daran nichts änderte. Es war auch nicht mein Ziel – die Modelagentur ist einfach nicht in der Position, das Geschäft zu ändern. Alles, was ich erreichen wollte, war, dass ich mir nicht ständig diese Hungerhaken im Dauerstress ansehen musste.

Shopping in New York

Nachdem ich Ihnen gerade verraten habe, wie man Geld verdient, würde ich gern die Gunst der Stunde nutzen, um Ihnen zu verraten, wo man es am besten ausgibt. Paris, meine zweite Heimat, kennen Sie ja jetzt – was Ihnen noch fehlt, ist meine Leib-und-Magen-Einkaufsstadt: New York. Wir fangen breitgefächert an und shoppen uns dann zu den Spezialisten durch – wenn's Ihnen nichts ausmacht. Haben Sie Lust dazu? Perfekt – ich auch.

Gut, natürlich gehe ich zunächst gern zu den großen klassischen Shopping-Oasen. An der Fifth Avenue ist für mich etwa der »Gucci«-Flagshipstore im Trump Tower Pflicht. Weniger wegen des Towers, das ist ein ziemlicher Alptraum aus den 80ern, ich weiß gar nicht, warum »Gucci« sich ausgerechnet den ausgesucht hat. Der Flagshipstore selbst ist trotzdem sensationell, einen größeren gibt's auf der ganzen Welt nicht. Oder der »Apple«-Store, so kleiner Technikfirlefanz ist ja inzwischen längst keine Männerdomäne mehr. Und selbstverständlich »Tiffany's«, wo man erstaunlich günstig Schmuck kaufen kann. Aber da finden Sie eigentlich auch ohne mich hin.

Was ich in New York sehr schätze, sind die Shops von »Abercrombie & Fitch«, eine typisch amerikanische Marke, relativ preis-

Am Münchner Flughafen, unterwegs zum Shopping in New York: Hose von »Levi's«, Schuhe von »Yves Saint Laurent«, Jacke von »Pre…W«, Shades von »Armani«, Gürtel von »Dolce & Gabbana«, Hemd von »Gucci«. Preis auf Anfrage.

wert, aber gut – im Grunde so was wie »GAP«, aber weniger konservativ, schöner und mehr als nur eine Spur besser. Für Damenschuhe ist »Sergio Rossi« da, mit Frauen kommt man an dem Laden einfach nicht vorbei. Und »Banana Republic« ist ein echtes Muss: Was für »Zara« gilt, für deren exzellenten Ideenübernahmen bei großen Designern zum richtig kleinen Preis, das gilt auch für »Banana Republic«, aber die gibt's halt nur in den Vereinigten Staaten, nein, neuerdings auch in London. Eigentlich ein Jammer. Eine große Niederlassung ist in der Fifth Avenue, aber man findet weitere Läden über ganz Manhattan verteilt. Und auch hier in New York ist »Zara« immer einen Besuch wert, weil die in verschiedenen Regionen verschiedene Sachen anbieten.

Aber viel wichtiger ist es für mich, bei »Saks« vorbeizugucken. Den Laden gibt es seit 1924, und diese wunderbare Tradition spürt man sofort beim Betreten. »Saks« ist für mich jederzeit vergleichbar mit der »Galeries Lafayette«. Und auch ein guter Tipp ist »Bergdorf Goodman«. War jahrelang als spießig und konservativ verschrien, aber die haben sich geändert. Sie sind für mich jederzeit für einen Abstecher gut, das hätte ich früher nie gedacht. Die Inneneinrichtung ist allerdings noch immer dieselbe. Aber all das ist nicht das Zeug, wegen dem man unbedingt nach New York kommt. Wenn Sie in New York shoppen wollen, sollten Sie eigentlich zuallererst meinen Cousin Shahin treffen.

Shahin wohnt dort, er wollte immer dort wohnen, er hat für seinen Traum schon irrsinnige Mieten für furchtbare Zwergwohnungen in Manhattan bezahlt und ist trotzdem nicht davon abzubringen. Er hat für echte Rattenlöcher 2000 Dollar Miete hingelegt, da weint man, wenn man an das Geld denkt, das da monatlich rausrinnt, Upper East

Side, Upper West Side, winzige Wohnungen, mir wäre das zu viel. Aber er ist ein ganz gut verdienender Arzt, er kann sich's leisten und er tut es auch, aus Leidenschaft. Gott sei Dank, kann ich da nur sagen. Ich kenne in Manhattan keinen besseren Modescout als Shahin, und was immer ich an neuen Shops in New York gefunden habe, habe ich aufgrund seiner unschätzbaren Lotsendienste entdeckt. Zum Beispiel »Barney's«.

Die New Yorker Niederlassung von »Barney's« ist in der Madison Avenue, etwa auf Höhe der Südostecke des Central Park. »Barney's« ist eine echte Fundgrube, gerade für No-Name-Designer. Die machen aus Newcomern Stars. Als ich dort war, entdeckte ich eine hübsche Jacke von einer russischen Marke namens »Cloak«. Und gerade, als ich die Jacke aus dem Regal zog und begeistert anprobierte, habe ich den Designer kennengelernt, Alexander Plokhov. »Barney's« hatte ihm die Chance gegeben, seine Sachen zum Verkauf anzubieten, und er wollte wissen, wie sie präsentiert wurden, wen seine Sachen so interessieren. Ein cooler bodenständiger Typ. Und er hatte Erfolg. Heute gibt es zwar leider die Collection von »Cloak« nicht mehr, aber nur, weil Alexander Plokhov abgeworben wurde. Er arbeitet jetzt bei »Versace«. Ich muss mir mal verschärft deren Jacken ansehen. So was freut mich natürlich diebisch. Einen Designer entdecken, kurz bevor er den ganz großen Schritt zum Ruhm macht. Da klopfe ich mir natürlich auf die Schulter und denke mir: »Guter Geschmack, Alter.«

Das ist ja überhaupt das Lustigste am Shopping in New York: Neue Designer als Erster finden. Obwohl, eigentlich bin ich meistens Zweiter, weil Shahin die ganzen Fundgruben als Erster austüftelt, den Pfadfinderruhm muss ich ihm einfach lassen. Aber wenn wir erstmal drin sind, herrscht Chancengleichheit. Also, zu den aktuell besten

Adressen gehört »Opening Ceremony«, in der Nähe der Canal Street, zwischen Little Italy und Chinatown. Schon das Haus ist der Hammer, superschmal, und es sieht so aus, wie man sich ein New Yorker Haus einfach vorstellt, mit diesen Zickzackfeuerleitern außen dran. Drin sind fünf Etagen voll mit kaum bekannten Designern aus aller Welt, und jedes Jahr kommt ein neues Land dazu. Eine Haus gewordene Wundertüte, sagenhaft.

Ziemlich in der Nähe ist »Seize sur Vingt«, das Label des New Yorker Designerpärchens James und Gwendoly Jurney. Beide machen sehr klassische Mode, die es nur dort gibt, entweder in der Elizabeth Street oder die komplette Kollektion in der Greene Street. Mit ihren unterschiedlichen Linien wollen sie meist auch eine politische Aussage treffen – auf diese Botschaft bin ich zwar nicht so scharf, aber wenn Politik so gut aussieht und nichts Übles dahintersteckt, bin ich jederzeit bereit, sie anzuziehen.

Politisch unverdächtig trotz des nordischen Namens ist »Odin« in Soho. Seit fünf Jahren sammeln sie elegante Designer mit ungewöhnlichen Ideen und verkaufen das Ganze in der Lafayette Street. Inzwischen habe sie ihr eigenes Eau de Toilette, ehrlicher Weise muss ich sagen: Ich hab noch nicht dran gerochen.

Weiter nördlich, im West Village, ist »Kesner Fashion«. Ein vierstöckiges unscheinbares Backsteinhaus an der Ecke Hudson Street/West Tenth Street. Keiner der Besitzer heißt Kesner – sondern ihr Großvater, und das ist auch die Idee dahinter: klassische Mode, die man über Generationen tragen kann, von namhaften und neuen Designern. Ich weiß nicht, ob ich die Klamotten von dort eines Tages meinen Enkeln vererben werde, haltbar genug sind sie …

Und noch ein bisschen weiter nordwestlich, im Meatpacking

District, hat Jeffrey Kalinsky ein hübsches Einkaufsparadies eröffnet: Es heißt »Jeffrey«, und sein Ziel ist, einen riesigen begehbaren Kleiderschrank für Männer und Frauen zur Verfügung zu stellen. Auch wenn man sich seinen Kleiderschrank vielleicht etwas anders vorstellt, sollte man unbedingt mal hinsehen – die Gegend ist eine Brutstätte für immer neue Designer und Shops, und wenn einem mal was nicht gefällt, findet man 14 Tage später unter Garantie sofort was Neues.

So, und mit diesen und immer neuen Adressen bin ich meistens so beschäftigt, dass ich mir wirklich kaum die Zeit nehme, nach neuen Lokalen zu suchen. New York ist aber auch eine Stadt, in der man sich zum Essen keine Zeit nimmt. Man isst unterwegs, auf die Hand, schnell, schnell, schnell. Und ich finde das gut: Ein Kaffee bei »Starbuck's« und weiter geht's. Hot Dogs. Oder ein Stück von Eileens mörderisch gutem Cheese Cake am Cleveland Place. Klasse, schnell und günstig: »Republic« am Union Square, frische Thaijapanerchinesenküche in stylisher Fastfoodatmosphäre, so was Ähnliches wie »Vapiano« in München, nur eben asiatisch. Und dann: Weiterstöbern, weitersuchen, weitershoppen.

Yasmin

Yasmin ist Iranerin. Ich lernte sie in Paris kennen, 1999. Es gab keine Sprache, die wir beide perfekt beherrschten. Sie sprach persisch, fließend; ich höchstens aserbaidschanisch, sie konnte besser Französisch als ich, perfekt, ich noch nicht, und ich sprach besser deutsch als sie. Wir unterhielten uns immer in einem kunterbunten Kauderwelsch aus Französisch, Englisch und Persisch.

Sie kam aus ganz anderen Verhältnissen als ich. Aus einer wohlhabenden Familie, aus einer Welt mit anderen Ansprüchen. Kennengelernt hatten wir uns, als ich mit einem Kollegen, Bruno, unterwegs war. Sie war Assistentin von Stella McCartney, als Stella für »Chloe« Mode entwarf. Ich hatte in Paris meinen Geburtstag nachgefeiert, zusammen mit Bruno, der Anfang April Geburtstag hat. Wir haben dazu Freunde und Kunden in einen Nachtclub eingeladen, ins »Cabaret«. Yasmin kannte ich nur vom Telefon; Sebastien, ein anderer Kollege, zu dessen Kundenkreis sie gehörte, hat sie mir dann vorgestellt. Und es war Liebe auf den ersten Blick. Es hat vom ersten Moment an geknistert, dass mir die Ohren rauschten. Wir haben Nummern ausgetauscht, hin und wieder telefoniert. Ich erinnere mich noch, wie ich oben bei Sacré-Cœur auf ihren Anruf wartete, so lange, dass ich schon glaubte, sie hätte mich vergessen – und dann klingelte mein Handy und sie war dran. Es war, als ginge die Sonne auf.

Irgendwann bin ich dann bei ihr eingezogen. Es war mir ein wenig unangenehm, aber sie hat niemals auch nur einen Fuß bei mir in das winzige 25-Quadratmeter-Appartement gesetzt, sie wusste schon damals ziemlich genau, wie sie leben wollte, nämlich mindestens in einer 70-Quadratmeter-Wohnung, wie der, die ihr der schwerreiche Vater finanzierte. Von der Miete allein hätte »IMG« damals vermutlich drei Peymans bezahlen können.

Nie werde ich den Tag vergessen, an dem wir das erste Mal gestritten haben. Und da tauchte dieser Vorwurf auf: Ihr würden die kleinen Gesten fehlen. Und mit kleinen Gesten meinte sie: Blumen, eine Flasche Wein, Schmuck, kleine Geschenke, Einladungen zum Essen. Und heute wäre das keine große Sache – aber damals lebte ich in Paris, einem der teuersten Pflaster der Welt, von 500 Euro im Monat. Mit dem Geld, das in Paris ein hübscher Blumenstrauß kostet, können Sie in Wanne-Eickel zu zweit fürstlich essen und der Kellner fällt ihnen dann auch noch um den Hals, weil so viel Trinkgeld übrig geblieben ist. Und wir hatten zwar nicht viel über Geld geredet, aber ihr musste klar sein, dass ich das war, was man gemeinhin als arm bezeichnet. Ich bin tatsächlich auf diese Diskussion eingestiegen, ich sagte ihr, mehr sei eben nicht drin. Und dann hat sie mir allen Ernstes vorgerechnet, wie ich mir mein Geld einzuteilen hätte, damit ich mit dem Rest Gesten finanzieren könnte, die sie für angemessen hielt. Mit genügend Abstand kann man heute auf Münchnerisch sagen: »Diese Goaß!«, was noch ein wenig kräftiger wirkt als »Zicke«. Aber damals habe ich nicht so reagiert.

Es hatte schließlich auch andere Abende gegeben. Wir hatten zusammengesessen, uns verträumt in die Augen geblickt, und sie grübelte in ihrem wunderhübschen Kopf vielleicht darüber nach, welche Augenfarbe unsere Kinder haben würden. Ich liebte es, in dieses Gesicht zu sehen.

Es hatte schon gekriselt. Und schon vor den Sommerferien war die Stimmung ziemlich mies. Sie hatte mir schon angedeutet, dass es vorbei sein könnte, bevor sie mit ihren Eltern nach Asien geflogen war, ich hatte mit Freunden einen Roadtrip unternommen. Anfang September kamen wir beide wieder nach Paris. Ich hatte schon die ganzen Ferien über ein mulmiges Gefühl, aber ich hoffte noch. Man hofft ja immer zu lang, wenn man abgesägt wird. Am Tag meiner Rückkehr rief ich bei ihr an, aber sie hatte keine Zeit und war gerade beim Einkaufen. Ich bestand auf einem Treffen, und dann haben wir uns kurz bei ihr getroffen, wo sie mir ihre endgültige Entscheidung mitteilte.

Ich war am Boden zerstört. Ich habe monatelang immer weniger gegessen, nachts kaum noch ein Auge zugemacht. Ich machte mir Vorwürfe. Ich suchte nach Gründen. Ich überlegte, was ich falsch gemacht haben könnte. Dabei war wohl meine fehlende Erfahrung schuld. Die bedeutenden Beziehungen zu Frauen in meinem Leben kann man an den Fingern einer Hand abzählen, da fehlt es dann natürlich leicht mal an der Einsicht, dass Menschen nicht immer zusammenpassen. Und dass nicht nur die Gegenwart entscheidend für eine Beziehung ist, sondern auch die Zukunft und die Träume. Und meine Zukunftsträume sahen nun mal ganz anders aus als die von Yasmin, vor allem auch deshalb, weil nicht abzusehen war, wann ich ihr diese ihre Träume würde finanzieren können. Heute denke ich natürlich auch: »Wieso hätte das mein Job sein sollen?« Aber damals habe ich allen Ernstes vermutet, es läge an mir.

Zeit heilt alle Wunden, heißt es. Aber sie beeilt sich nicht damit. Da gibt es ja so Faustregeln: Angeblich braucht man die Hälfte der Dauer einer gescheiterten Beziehung, um sie zu verarbeiten. Demnach hätte ein Vierteljahr eigentlich völlig reichen müssen. Aber Faustregeln liegen nicht immer richtig, leider. Etwa vier Jahre hab ich an der Sache geknabbert, und ich vermute, es sind trotzdem einige Narben geblieben. Man ist ein gebranntes Kind, man wird vorsichtig, man guckt sozusagen bei jeder Herdplatte, ob sie heiß ist und nähert sich entsprechend vorsichtig.

Yasmin ist heute mit einem wohlhabenden Unternehmer zusammen, sie designt Schmuck und Klamotten. Sechs Monate währte die Beziehung mit ihr.

Und seither hat keine länger gedauert.

Models in der Krise

Die Wirtschaftskrise hat auch ihre Folgen für unsere Branche. Aber nicht die Folgen, die die meisten vermuten.

Viele sehen, dass »Hertie«-Kaufhäuser dichtmachen und daraus schließen sie, dass damit vermutlich viele Werbefotos nicht mehr benötigt werden. Oder sie sehen, dass ein Versandgigant wie »Quelle« pleitegeht und dann denken sie sich, dass damit auch der Katalog futsch ist, der früher in jedem Haus lag – es sei denn, die Familie hatte wie unsere den anderen Katalog in der Schublade: den von »Otto«. Aber das mit »Quelle« ist für unsere Branche nicht so schlimm. Die Aufträge werden nicht weniger. Irgendjemand will immer seine Mode verkaufen – mit den ganz großen Katalogshootings geht allenfalls etwas Bequemlichkeit verloren, die Bequemlichkeit eines Großauftrags, der natürlich für alle Beteiligten einfacher abzuwickeln ist als drei kleinere Jobs. Aber in der Summe ändert das nichts.

Nein, was sich in Krisenzeiten wirklich ändert, sind die Gesichter der Models, die Sie zu sehen bekommen.

Es ist seltsam, aber es stimmt: In unsicheren Phasen wählen die

Werbekunden anders aus. Und man könnte fast meinen, sie wollten unauffällige Gesichter. Denn alles, was ungewöhnlich ist, ein bisschen kühler, ein bisschen abgefahrener, das hat in Krisenzeiten deutlich schlechtere Karten. Aber es geht den Kunden nicht ums Unauffällige – sie haben nur mehr Angst vor dem Risiko. Sie sind wie schüchterne Männer beim ersten Date: Sie sind nervös, und deshalb nehmen sie die doppelte Menge Parfum.

In Zeiten ordentlicher Umsätze ist das nicht so. Da probiert man gerne mal was aus. Aber wenn die Umsätze zurückgehen, wenn jeder seine sinkenden Zahlen vor seinem Chef rechtfertigen muss, wenn gar der Chef selbst Angst um seine Firma hat – dann versuchen alle auf Nummer sicher zu gehen. Sie wollen, dass das Gesicht ihrer Kampagne auf jeden Fall angenehm eingeschätzt wird. Aber wie kann man da sicher sein?

Es ist, als ob Sie zu einem Vorstellungsgespräch müssten, bei dem Sie Ihre Gesprächspartner nicht gut kennen. Wenn Sie auf den Job nicht angewiesen sind, kommen Sie so, wie Sie grade lustig sind. Mit Glück punkten Sie sogar gerade dadurch – mit Pech natürlich nicht. Wenn Sie aber den Job dringend brauchen, werden Sie ihn nicht durch extreme Kleidung aufs Spiel setzen. Sie wählen die konservativere Variante. Und genauso machen es die Werbekunden. Sie wollen sich nicht darauf verlassen, dass die Leute beim zweiten oder dritten Blick in dem Model das ganz Besondere entdecken. Sie wollen, dass die Passanten auf den ersten Blick begeistert sind. Sie greifen eher zu Sara Nuru als zu Maria. Und sie lassen beide links liegen, sobald sie einen noch sichereren Blickfang kriegen können. Zum Beispiel einen Filmstar.

Das ist sicher ein Grund, warum Til Schweiger derzeit groß im

Typisch Hollywood: Freunde schleifen mich zu einer genialen Pool-Party. Und was stelle ich vor Ort fest? Pool samt Haus gehören Starregisseur Roland Emmerich. Danke für einen fantastischen Abend, Roland!

Geschäft ist. Er wirbt für Bier, Rasierapparate, Unterwäsche, er hat ein durchweg angenehmes, sympathisches Gesicht mit den klassischen Merkmalen markanter Männlichkeit. Mit diesem Mann können Sie praktisch alles verkaufen – aber Sie werden mit ihm niemals eine neue Nische im Markt erschließen.

Doch darum geht es den Werbekunden aber auch derzeit nicht. Sie wollen ihre Marktanteile halten. Sie bestätigen das, was Sie bereits darstellen, nochmals mit einem großen Namen. Und das nicht nur in Deutschland. Madonna tritt für »Louis Vuitton« an, Clive Owen, der ja so eine Art US-Version von Til Schweiger ist, wirbt für

»Lancôme«. Und die Fotografen, die Hairstylisten, die Make-up-Artisten fluchen. Aus mehreren Gründen.

Erstens ist es gar nicht so prestigeträchtig, mit einem Star zu arbeiten, wie man glaubt. Sind die Fotos gut, dann sagt jeder: »Kein Wunder, Madonna gut aussehen zu lassen, ist ja nun wirklich keine Kunst.« Sind sie aber mau, ist der Fotograf schuld.

Außerdem fehlt einfach der Reiz des Entdeckens: Ein unbekanntes Model richtig ins Licht zu setzen und mit einer aufsehenerregenden Kampagne zum Star zu fotografieren – da fragt doch jeder hinterher: »Hey, wer ist das Model? Und wer hat sie so geil inszeniert?«

Aber der Hauptgrund dafür, dass alle Crews bei Stars so leicht ins Fluchen kommen, ist, dass es natürlich viel einfacher ist, mit einem routinierten Model zu arbeiten als mit einem selbstbewussten Filmstar. Und wenn man Glück hat und der Star selbst sich sogar ausgesprochen pflegeleicht gibt, dann ist es sein Management, das zickt. Der Star will angeblich dies oder das, er kann nur bei einer Raumtemperatur von exakt 22,3 Grad arbeiten und will ein Thermometer dazu haben, er braucht einen Wohnwagen im Studio oder ein Studio im Wohnwagen oder beides. Und sowohl Star als auch Management wissen: Sie sind unersetzlich. Nur Clive Owen sieht aus wie Clive Owen und verkörpert das Leben und die Filme von Clive Owen. Nehmen Sie als Ersatz Jason Statham, haben Sie sofort eine komplett andere Kampagne. Sie könnten vielleicht noch zu Daniel Craig wechseln. Aber der ist seit seinem »Bond«-Erfolg vermutlich doppelt so teuer und dreimal so schwer zu kriegen. Also – wo ist das Thermometer? Wo sind die 22,3 Grad?

Aber in Krisenzeiten schreckt das keinen Werbekunden. Es ist wie bei anderen Menschen auch. Die wollen derzeit auf keinen Fall Aktien und stecken lieber alles in ihr Sparbuch, weil's so schön sicher ist. Klassische Models und Filmstars sind die Sparbücher der Werbeindustrie. Man kriegt relativ wenig Rendite – aber man verspricht sich dafür wenigstens einen garantierten, sicheren Erfolg. Und dieses Beautybarometer ist absolut zuverlässig, ich staune jedes Mal selbst wieder darüber.

Und im Nachhinein gesehen muss man sogar sagen, man hätte die Wirtschaftskrise und ihr Ausmaß anhand einer Sendung wie *Germany's Next Topmodel* regelrecht wittern können.

Erinnern Sie sich noch an Maria aus Würzburg, die in der Sendung den Fotografen Rankin so begeistert hat? Groß, kühles Gesicht, wirkt optisch fast etwas arrogant (obwohl sie persönlich absolut sympathisch und umgänglich ist). Sie kam extrem oft in die Vorauswahl, war eine der letzten zwei oder drei Kandidatinnen – und im letzten Moment griffen die Kunden dann zur blonden Mandy, zur niedlichen Marie. Sie gingen auf Nummer sicher, und richtig begeistert war von Maria nur Rankin, weil es bei ihm nicht immer ums Verkaufen geht, sondern eben auch häufig um Fotokunst. Wie Maria immer und immer wieder gescheitert ist, weil sie nicht das 08/15-Model war – genau so läuft es in Krisenzeiten auf dem Modelmarkt. Manchmal ist unsere kleine Sendung fast so was wie Bildungsfernsehen.

Brigitte im Modelversuch

Kennen Sie das Gefühl, wenn ein neues Produkt auf den Markt kommt, von dem Sie erst denken: »Klasse Idee!« Und wie Sie es dann in die Hand nehmen, testen und sich sagen: »Schade, da hätte ich mir eigentlich mehr erwartet«? So geht es mir mit der neuen *Brigitte*, die auf professionelle Models verzichtet.

Dabei finde ich das Ziel der *Brigitte* an sich absolut lobenswert. Denn auch, wenn mir noch immer der kesse Spruch nachhängt, mir käme keine dicke Frau ins Bett, kann ich private Vorlieben von professionellen Einsichten trennen. Und meine Überzeugung ist nun mal schlichtweg die, dass der Magerwahn im Modelbusiness dringend aufgehalten werden muss, weil er ein ebenso falsches wie gefährliches Vorbild zeichnet. Die Vorgehensweise der *Brigitte* hingegen ist leider in Teilen arg plakativ, in manchen sogar suboptimal.

»Ab heute werden sämtliche Fotostrecken in *Brigitte*, von der Mode über Beauty bis hin zu Living und Fitness, nicht mehr mit Models produziert – sondern mit Frauen wie Ihnen und uns«, verspricht das Magazin. Und es begründet sein Vorgehen damit, dass es »Mode und Beauty in Zukunft an Frauen zeigen will, die nicht den oft perversen Gesetzen des Modelgeschäfts unterworfen sind«. Doch man muss es mal offen aussprechen: Diese Gesetze sind nicht pervers. Jedenfalls nicht perverser als die Gesetze des Zeitschriftenmarkts, die die *Brigitte* Frühjahr für Frühjahr von Neuem zwingen, eine noch tollere Diät auf dem Cover zu feiern; paradoxerweise sogar ausgerechnet auf dem ersten Heft ohne Profimodels. Und schon daran erkennt man, dass die *Brigitte* derzeit noch einen leichten Schlingerkurs fährt.

Darüber habe ich mich vor Kurzem auf *Antenne Bayern* ein bisschen mit Brigitte Huber gestritten, der Chefredakteurin der *Brigitte*. Frau Huber hat die Diät vehement verteidigt, es sei ja wirklich eine prima Diät. Aber sie konnte die Wahrheit natürlich nicht aussprechen, die da lautet: Mit der Figur von Frauen, mit den Figurträumen von Frauen kann man viel Geld verdienen. Und Diäten sind ebenfalls eine Facette dieses Geschäfts. Da mag die Diät noch so gut sein; wer sie anbietet, spekuliert auf Kundinnen, die sich zu dick finden. Ist das jetzt auch ein perverses Gesetz? Muss die *Brigitte* demnächst auch auf Profijournalisten verzichten?

Hoffentlich nicht, ich mag die *Brigitte*. Und ihr Ziel ist absolut begrüßenswert; dass sie sich für einen vernünftigen Umgang mit dem Thema »Figur« stark macht, finde ich vorbehaltlos super. Das Vorgehen bedarf allerdings meiner Meinung nach einiger Korrekturen.

Denn rein strategisch spricht einiges gegen diese Art der Umsetzung. Rund eine Million Frauen lesen jedes *Brigitte*-Heft. Dieses Protestpotenzial wird mit den Amateurmodels ruhiggestellt.

Und obendrein schwindet der Einfluss des Magazins als Auftraggeber auf dem professionellen Markt. Dabei wäre der gerade wichtig. Angenommen, es sind zehn Agenturen auf dem Markt, und die *Brigitte* verspricht ihre Jobs denen, die ihre Models am meisten auf ihre Bedürfnisse abstimmen – dann werden sich von zehn Agenturen zehn darum bemühen. Und jedes Mal, wenn der Agent zum Model sagt: »Iss bloß keine weitere Kartoffel mehr!«, dann könnte das Model sagen: »Aber nur, wenn ich die Kartoffel esse, nimmt mich die *Brigitte*.« Sagt die *Brigitte* hingegen allen Agenturen: »Von euch kriegt keiner mehr unsere Aufträge«, dann bemühen sich von zehn Agenturen – null. Und dann bleibt dem Model nur die Antwort: »Hast ja recht, Agent, die *Brigitte* nimmt eh keine Profis mehr.«

Dabei kann man gerne lästern, dass die Haute Couture nie sonderlich viel Wert auf die *Brigitte* gelegt hat, aber gerade für Katalogmodels war die *Brigitte* immer eine ideale Startplattform. *Brigitte*-Modestrecken waren stets kompatibel mit Versandhaus-Katalogen, und viele Versandhäuser haben die Models direkt aus der *Brigitte* heraus gecastet. Diese Plattform fehlt jetzt, und zwar ausgerechnet den Models, die am wenigsten mit dem Magerwahn zu tun hatten.

Und aus rein professioneller Sicht ärgert mich hier eine weitere Sache: Nämlich dass die *Brigitte* alle Profimodels in einen Topf wirft. Denn es ist schlicht und einfach falsch, dass Profimodels unter unmenschlichen Bedingungen arbeiten und sozusagen dünngezüchtet werden. Zahlreiche Katalogmodels, gerade eben in jenem Zweig, den ich betreut habe, besitzen eine Figur, mit der man die Leserinnen der *Brigitte* keinesfalls unter zu großen Schlankheitsdruck setzt. Und wenn man's ganz genau nimmt, hätte die *Brigitte* ihr Ziel auch viel einfacher erreichen können: Man hätte einfach in der Redaktion einen Maßstab an die Wand zeichnen können und eine Waage daneben. Dann hätte die entsprechende Redakteurin beim Casting selbst den Body-Maß-Index der Profimodels berechnen und darauf achten können, dass er ihren Vorstellungen oder denen von Ernährungswissenschaftlern entspricht. Aufs Cover hätte man sich dann ein Siegel kleben können: »Garantiert mit BMI Soundso«. Der Effekt wäre derselbe gewesen, vielleicht sogar ein größerer.

Aber mir ist natürlich klar, dass auch die *Brigitte* nach den normalen Marktgesetzen arbeiten muss. Sie will sich auf dem derzeit unheimlich stark umkämpften schrumpfenden Zeitschriftenmarkt besser positionieren, und die Nische »Ohne Profimodels« klingt einfach einmalig gut – als Verlagsmanager wäre man dumm, wenn man sie nicht besetzen würde. Es klingt besser als »Mit BMI-geprüften Models«, es zündet schneller, so ähnlich wie der Zusatz »Ohne Konservierungsstoffe« auf dem Joghurt.

Letzten Endes soll man ja nicht undankbar sein. Die Stoßrichtung ist in Ordnung, und ich tu mir mit manchem natürlich leichter als ein Chefredakteur oder Geschäftsführer. Und wer weiß: Vielleicht hat die *Brigitte* das Konzept ja in ein oder zwei Jahren schon wieder weiterverbessert. Und kann dann Models genauso vernünftig auswählen wie Diäten.

Extrawürste

Frauen freuen sich, wenn man sich um sie bemüht.

Models sind da nicht anders, wenn auch ein wenig potenziert. Models sind schließlich besondere Frauen. Und besondere Frauen haben Sonderwünsche.

Von diesen Sonderwünschen gibt es zwei Kategorien. Es gibt zum Beispiel die üblichen Gepflogenheiten: Gepflogenheiten sind Sonderwünsche, die sich irgendwie in den Fashionalltag eingeschlichen haben und jetzt zwar noch immer auffällig sind, aber nicht ganz überraschend. So verlangen und verlangten US-Models fast schon standardmäßig bessere Flüge, bessere Hotels, Erste-Klasse-Tickets, Fünf-Sterne-Häuser. Sehr oft musste ich, wenn ich in Europa US-Models vermittelte, im Auftrag unserer New Yorker Niederlassung nochmal eigens beim Kunden anklopfen und bessere Konditionen heraushandeln. Es war immer ein bisschen so, als müsste man die amerikanischen Schönheiten für Einsätze in Europa entschädigen. Und wenn die Kosten durch das teure Honorar ohnehin schon am Limit sind, kann es den ganzen Auftrag kosten, wenn das Model statt für 5000 Euro lieber für 10 000 Euro fliegen will. Ich bin sicher, dass wir durch diese seltsame Haltung richtig gute Jobs verloren haben – ich schätze sogar aufgrund der Absagen, dass wir hier rund ein Drittel weniger Umsatz gemacht haben als möglich gewesen wäre. Aber den US-Models und der Agentur war's das offenbar wert.

Das war zwar ärgerlich, aber dennoch berechenbar – weil sämtliche US-Models und ihre Agenturen so vorgingen und sich auch von dem Argument »der Kunde hat aber erst kürzlich ein vergleichbares europäisches Model für einen wesentlich günstigeren Preis gebucht« nicht beeindrucken ließen. Sie pokerten einfach hoch und gingen davon aus, dass genug Anfragen derart mühsam zwischen all den Werbeabteilungen, Finanzabteilungen, Top-, Mittel- und Kleinmanagern ausverhandelt worden waren, dass die Kunden lieber die teuren Extras in Kauf nehmen würden, als sich nochmal in die hausinternen zähen Verhandlungsrunden zu stürzen. Diese Gepflogenheiten der US-Models kennen auch die europäischen Kolleginnen, und manche von ihnen entwickeln umgekehrt sogar einen gewissen professionellen Stolz, gerade eben *nicht* so viel Trara um sich zu machen. Schwierig wird es in jedem Fall, wenn ein Model anfängt, sich eigene Gepflogenheiten auszudenken. Sobald eine Gepflogenheit nur für eine Person gelten soll, nennt man sie Extrawurst.

Eines unserer Models, Jodie, etwa wollte unbedingt Klamotten von »Jean-Paul Gaultier« umsonst bekommen. Sie ist eine britische Oberklassentochter. Dawn hatte mich während der Modewoche gebeten, sie zu entlasten, ich war also vorübergehend Jodies Ansprechpartner. Man muss sich das mal vor Augen halten: Sie war wirklich dick im Geschäft, sie lief für »Yves Saint Laurent«, sie hatte eine Duftkampagne, und sie versuchte noch immer, kostenlos Designerklamotten abzustauben. Und es ging selbstverständlich auch hier nicht nur ums Geld, es war auch eine Statusfrage: Macht die Agentur das für mich? Und das war es, was mich wirklich regelmäßig zum Wahnsinn trieb: Mädchen, die nichts Besseres zu tun hatten, als herauszufinden, wie wichtig sie waren und sich zu überlegen, was ihnen ihrer Meinung nach noch alles zustand. Ob der Fahrer höflich genug war oder das Hotelzimmer elegant genug oder die Aussicht schön genug und ob der Blick auf den Central Park auch die hübschesten Bäume beinhaltete, oder nur die durchschnittlichsten oder über was weiß ich die sich ihre hübschen Köpfe noch zerbrochen haben. Lassen Sie Ihrer Fantasie freien Lauf, ich garantiere, Sie werden nicht drauf kommen, worüber man sich noch alles beschweren kann. Liya, jetzt ein Superstar, war auch so eine Granate.

Als sie bei einer »IMG«-Party ihren Mantel verlor, bezichtigte sie allen Ernstes meinen Kollegen Bruno, er hätte ihn geklaut. Oder sie brauchte zum Beispiel dringend für sich und ihren Mann im besten Lokal der Stadt einen freien Tisch – mitten in der Modewoche. Und diese grandiose Idee kam ihr nicht zwei Monate vor der Modewoche oder 14 Tage vorher oder auch nur zwei Tage vorher, sondern zwei Minuten, bevor sie zum Essen gingen. Unter diesen Umständen gab es in der ganzen verdammten Stadt keinen freien Tisch mehr, da hätte sie für einen Stehplatz bei McDonald's dankbar sein können. Es war ein echtes Wunder, dass wir ihr noch einen ordentlichen Tisch in einem ordentlichen Lokal vermitteln konnten. Aber gut, sie hat auch nach besten Kräften mitgeholfen: Essen konnte sie dann immerhin selbst.

Die Wahrheit ist: Man kann sich als Topmodel tatsächlich allerhand erlauben. Und die Agentur ist normalerweise auch zu vielem bereit. Alek Wek zum Beispiel hat einen Handtaschen-Tick, und sie wollte unbedingt eine Tasche von »Hermes«. Die sind so exklusiv, dass sie neben ihrem Preis noch eine weitere Schwierigkeit mit sich bringen: Man kriegt sie erst zwei bis drei Jahre, nachdem man sie bestellt hat. In der Zeit, in der »Hermes« eine Handtasche zurechtschneidert, bauen andere ganze Stadtteile auf – aber gut, der Erfolg gibt ihnen Recht. Alek wollte jedoch für eine bestimmte Tasche nicht so lange warten. Also hat mir meine Kollegin Dawn einen Kontakt zur »Hermes« hergestellt, weil sie wusste, dass dort für bestimmte Kunden ab und an eine Tasche bereits fertig liegt – und die haben wir dann für Alek organisiert. Bezahlen musste sie sie zwar trotzdem (und das hat sie auch klaglos getan), aber sie musste wenigstens nicht warten. Wir halten fest: Eine gute Agentur erfüllt schon mal für ihre Models den einen oder anderen Extrawunsch. Aber man darf dabei nicht zu hoch pokern. Die Rechnung ist im Grunde ganz einfach: Der Ärger, den man verursacht, muss letztlich akzeptabel sein im Vergleich zur Summe, den die Agentur mit einem verdient. Wenn die Agentur mit einem Model 300 000 Euro im Jahr Umsatz macht, dann darf man für einen Teil dieser 300 000 Euro Ärger machen. Das einzige Problem ist die Umrechnung von Ärger in Euro – dafür gibt es keine Tabelle.

Zudem ist der Wechselkurs schwankend: Wenn ich gerade drei Dutzend andere Models an der Hand habe, die mir ohne Sperenzchen denselben Umsatz bringen, und der Typ des Ärgermodels ist auch ausreichend in meinem Portfolio vertreten, dann kann da ganz schnell Feierabend sein. Wenn man hingegen das erste schwarze Model ist, das eine »Estée Lauder«-Kampagne gemacht hat, wenn man also ziemlich unverwechselbar ist, was Besonderes, dann muss man sich ganz schön Mühe geben, um gefeuert zu werden und Liya hat das geschafft. Ihre Allüren gingen allen derartig auf die Nerven, dass wir sie schlichtweg rausgeschmissen haben. Dabei hatte Liya ihre Karten schon ganz richtig eingeschätzt und auch gut ausgereizt. Sie hatte nur einen wichtigen Faktor übersehen: Es geht nicht nur um die Nerven der Agentur.

Wir hätten das Spiel wahrscheinlich noch länger mitgemacht, wenn es nur um Liya und uns gegangen wäre. Es gibt ja keinen Grund, gutes Geld einfach wegzuschmeißen. Aber die Agentur hat noch mehr Models. Und wenn eines von ihnen der Agentur zu sehr auf der Nase herumtanzt, machen das die anderen womöglich auch. Die Agentur muss also auch auf ihr eigenes Standing bei ihren Models achten.

Wenn man sich so aufführt wie Liya, dann denken die anderen Models zunächst mal: »Das ist doch unmöglich.« Sie finden das auch nicht gut. Aber wenn sie sehen, dass Liya damit durchkommt, denken sie, dass das, was Liya verlangt, ihnen auch zusteht – zumal sie ja tatsächlicher viel freundlicher und pflegeleichter sind. Und das denken sie übrigens völlig zu Recht, denn sie sehen ja: Die Zicke wird belohnt, die Braven kriegen nur die Durchschnittsbehandlung. Und binnen Kürze züchtet man sich so jede Menge komplizierter Persönchen, die nur überlegen, was der Superstar an ihrer Stelle jetzt wohl verlangen würde. Und selbst die, die nicht so ticken, die einfach nur die Klappe halten und brav ihren Job machen, die fühlen sich insgeheim schlechter behandelt – und auch das zu Recht.

Hätte Liya ein bisschen die Augen aufgemacht, hätte sie auch mal die Leute um sich herum zur Kenntnis genommen, hätte sie zwei und zwei zusammengezählt, dann hätte sie ihr Spielchen ein bisschen runtergefahren und wäre noch immer exzellent damit gefahren. So flog sie bei uns raus – und brachte es zum Leinwandstar. Das ist der Haken an diesem Beispiel. Aber in 99 Prozent der Fälle endet das nicht happy, in 99 Prozent der Fälle fährt das Model seine Karriere so an die Wand.

The Making of: TV-Shows

Ich verstehe die Frage gut: Wie viel ist echt an *Germany's Next Topmodel*? Wie viel ist echt an der *Model*-WG? Die Antwort lautet: Diese Sendungen sind so echt wie möglich.

Man muss beim Fernsehen, beim Film manches spielen, das geht gar nicht anders, und das kann sich der Zuschauer eigentlich selbst denken. Mein Lieblingsbeispiel ist: Irgendjemand sitzt im Büro und arbeitet, überraschend geht die Tür auf und drei Models kommen herein – jeder gesunde Mensch kann sich denken, dass drinnen mindestens schon mal die Kamera stehen muss, samt einem Kamerateam. Also kann auch die Überraschung nicht echt sein, weil in den wenigsten Läden Kamerateams von ProSieben zum Inventar gehören.

Naja, und von diesen Fällen gibt es natürlich relativ viele im Doku-Genre, zu dem Castingshows letzten Endes ja auch zählen. Wenn Sie den Alltag im Fernsehen zeigen wollen, müssen Sie dafür sorgen, dass in diesem Alltag eine Kamera ist. Und weil der Alltag schwer vorhersehbar ist, haben Sie hier genau zwei Möglichkeiten: Entweder, Sie haben rund um die Uhr hundert Kamerateams im Einsatz, damit Sie alles, wirklich alles im Bild haben. Das ist aber

One man, one vote, one topmodel – two votes? Rolf, Heidi und ich (v. l.) in der vierten Staffel von *Germany's Next Topmodel*, 2009.

unbezahlbar und nicht sendefähig, weil Sie dann vor lauter herumwimmelnden Kameras keinen Alltag mehr sehen können.

Die andere Möglichkeit ist: Sie nehmen nur wenige Kameras und stellen für sie auch schon mal im Notfall jene Teile des Alltags nach, die ihnen durch die Lappen gegangen sind. Und das nicht nur, weil vielleicht mal der Kameramann pennt, sondern auch, weil im entscheidenden Moment die Batterie der Kamera zu Ende geht oder eine Lampe durchbrennt. Gerade, wenn das in besonders schönen oder bewegenden oder spannenden Momenten passiert, könnte man oft nur noch fluchen. Und dann stellt man manches nach, auch wenn man die Wirkung des Originalmoments natürlich nie mehr so schön hinkriegt. Gucken Sie nicht so enttäuscht, wenn Sie die DVD gekauft haben, haben Sie auch die Outtakes entdeckt. Outtakes gibt es nur, wenn man Szenen wiederholen muss. Das mögen die Juroren genauso wenig wie die Models, man macht es auch nicht öfter als nötig. Damit muss man aber leben, und nicht nur der TV-Produzent muss das oder die Juroren, genau genommen müssen die Fernsehzuschauer sogar davon ausgehen, dass bei solchen Sendungen und dem ganzen Genre, das unter diesen Voraussetzungen gedreht wird, auch mal Momente gezeigt werden müssen, die nachgestellt worden sind.

Wenn das allen Beteiligten klar ist, stellt sich nur noch die Frage, welche Momente des Alltags Sie auswählen wollen. Sie wollen nicht dauernd Models beim Zähneputzen zeigen. Oder wie sie herumsitzen und lesen oder fernsehen. Sie wählen die wichtigsten Momente aus einer Woche aus, und mit dieser Auswahl, auch das muss einem klar sein, entsteht ein Fernsehbild, das der Realität nicht immer ganz gerecht wird. Denn natürlich komprimiert man die Woche, so dass sie gegebenenfalls auch mal hektischer und spannender wirkt, als sie es tatsächlich war. Mehrere Drehtage werden zu einem ein- bis zweistündigen Beitrag zusammengeschnitten. Das heißt natürlich, dass nur die guten, wichtigen Momente es ins Fernsehen schaffen. Aber das ist Fernsehen. Selbst wenn Sie eine Dokumentation über den Herbst in Kanada machen und die Kamera 14 Tage lang sturheil auf die Blätter richten und dabei zugucken, wie sie bunt werden – sobald Sie einen Film draus machen, werden Sie den Zeitraffer benutzen. Trotzdem sind die Blätter und der kanadische Herbst echt – und genauso echt ist auch das, was Sie bei *Germany's Next Topmodel* und in der *Model WG* zu sehen bekommen. Sie müssen daher auf jeden Fall den Zeitraffer dazurechnen.

Die vielen Castings zum Beispiel sind absolut realistisch. Nüchtern betrachtet kommen sie zwar für manche der Kandidatinnen etwas zu früh, für die dann auch die Kunden noch etwas zu hochwertig sind, wenn man bedenkt, dass die Nachwuchsmodels erst maximal ein paar Wochen Erfahrung haben. Aber wenn man sich überlegt, dass die Show etwa die kompletten ersten anderthalb Jahre eines echten Models in knapp drei Monate komprimiert, dann kommt das alles schon wieder ganz gut hin. Andererseits zeigt das ganze Prozedere dennoch deutlich die Gesetze des Marktes auf. Und die funktionieren bei uns im Fernsehen wie im richtigen Leben. Diese Gesetze besagen: Man kann fehlende Eigenschaften ausgleichen: Was unsere Models noch nicht als Erfahrung haben, gleichen sie gewissermaßen durch eine aufmerksamkeitsstarke Fernsehpräsenz aus, die sie wiederum in relativ kurzer Zeit für Werbekunden wertvoll macht. Selbstverständlich kommen viele Werbekunden vor allem, weil sie die Einschaltquoten von *Germany's Next Topmodel* oder der *Model*-WG nutzen wollen – es wäre naiv zu glauben, dass sie alle schon jetzt von den Leistungen unserer Models so heillos begeistert wären, die können sie schließlich größtenteils noch gar nicht kennen. Doch das Fernsehen erhöht die Aufmerksamkeit und Popularität der Mädchen enorm. Allerdings fällt die Aufmerksamkeit bei einigen auch genauso schnell wieder ab, wie sie vorher gekommen ist.

Den Zuschauern wird das meist dann richtig deutlich, wenn sie sich fragen, was eigentlich aus diesem oder jenem von unseren Mädchen geworden ist. Wenn der Publikumsmagnet Fernsehen wegfällt, kommt das wahre Durchhaltevermögen unserer Models

zum Vorschein, im Positiven wie im Negativen. Auch ganz ohne weitere TV-Begleitung hat sich zum Beispiel Wanda Badwal »Betty Barclay« im Anschluss an die Sendung gesichert, und Covershoots für zwei TV-Zeitschriften. Wanda nimmt Schauspielunterricht, Gesangsunterricht, sie arbeitet hart und sie erarbeitet sich Stück für Stück den Erfolg. So hat sie sich Rollen in der deutschen Bühnenversion von *Drei Haselnüsse für Aschenbrödel* geangelt, im Musical *Gloria*, in Filmen, unter anderem vom deutschen Topregisseur Detlev Buck. Wanda hat als eine der wenigen wirklich begriffen, was die Sendung für sie leisten kann – und was sie anschließend selbst leisten muss.

Die glückliche Dritte macht Rolfe ratlos: Nach Maries drittem Platz in der Kölner »Lanxess Arena« zeige ich ihr, wo ihre stolzen Eltern sitzen. Ich glaube, kurz darauf habe ich Rolfe gezeigt, wo er sein Sakko bügeln kann.

Noch kurz vor dem Sieg hat die Jury etwa Barbara Meier extrem hart kritisiert. Deswegen hatte sie trotzdem das größte Potenzial und wurde zur Siegerin gekürt. Man geht davon aus, dass das Model klug genug ist, um zu wissen, dass man mit diesem Titel noch lange nicht am Ziel der Karriere angekommen ist, denn es gilt, sich nun auch ohne Unterstützung der Experten zurechtzufinden und sich durchzusetzen – gegen eine große, internationale Konkurrenz.

So haben die Siegerinnen eine enorme Popularität im deutschsprachigen Raum, außerhalb jedoch erst einmal keine. Das bedeutet, dass sie zunächst mit Aufträgen vom deutschen Markt gut ausgelastet sind, aber international nicht zum Einsatz kommen. Und während sie die deutschen Jobs abarbeiten, können sie keine internationalen Erfahrungen sammeln und dort auch nicht den Fuß in die Tür bekommen. Das ist kurzfristig nicht so schlimm, langfristig könnte das allerdings den Unterschied zu einer internationalen Topkarriere ausmachen. Denn nur durch internationale Anerkennung und Aufträge können die Siegerinnen den vergleichsweise raschen Erfolg aus der Sendung bei uns zu einem dauerhaften machen.

Hier ist Heidi das beste Beispiel: Hätte sie sich auf ihrem Sieg bei Thomas Gottschalk ausgeruht, wäre sie heute vielleicht nur eine von den Kleinprominenten, die bei RTL in irgendwelche Chartshows geschnitten ihre Kommentare zu *Modern Talking & Co.* abgeben. Erst der Erfolg in den USA hat ihr auch in Deutschland und Europa den Superstarfaktor gesichert.

Auf einen eminenten Unterschied zwischen Modelkarriere und TV-Version muss ich aber noch hinweisen: Im richtigen Modelleben sind die Zicken dieser Welt nicht so erfolgreich. Im richtigen Leben würde Tessa, wenn sie einmal mit einem Kunden falsch umspringt, spätestens zum zweiten Casting nicht mehr eingeladen, weil es sich herumspricht, dass man mit ihr weder vernünftig reden noch vernünftig arbeiten kann. Im Fernsehen hat so was natürlich einen ganz anderen Stellenwert, weil's für den Zuschauer vor dem Bildschirm unterhaltsam ist. Tessa hat für so was einen siebten Sinn. Tatsächlich lässt sich mit diesem Ziel und diesem Wissen eine große TV-Show ideal als Bühne nutzen.

Ein Zickenkrieg war dabei nicht beabsichtigt – seltsamerweise, weil es den Zickenkrieg in der Welt der professionellen Models selbstverständlich gibt. So lange es nicht extrem wird, hätte ich ihn deshalb nicht behindert, er gehört einfach dazu. Aber Heidi hasst Zickenkriege, sie versucht diese weitestgehend einzuschränken und ich muss ihr wohl Recht geben: *Germany's Next Topmodel* wandelte und wandelt auf einem schmalen Grat und könnte, wenn man nicht aufpasst, in Krawallregionen abrutschen. Dennoch: Ein oder zwei Tessas werden anfangs immer dabei sein. Es ist auch gewollt, dass die Mädchen sich untereinander beeinflussen, dass sie von den Stärken und Schwächen der anderen lernen. Denn auch das ist im richtigen Modelleben nicht anders: Man muss nicht alles selbst können, man muss das Rad nicht ständig neu erfinden, man darf sich auch schlicht und einfach was bei der Konkurrenz abgucken. Zum Beispiel, wie man die kleinen Besonderheiten des Fernsehens als Sprungbrett für eine Karriere im richtigen Leben nutzt.

Vom Reiz der Prominenz

Eigentlich war Sex für mich nie das große Thema. Freunde, die nicht in der Modelbranche arbeiten, albern gerne rum, dass man als Booker immer mit superschönen Frauen zu tun hat, sozusagen zwölf an jedem Finger, sie ziehen einen ein bisschen damit auf, aber sie wissen natürlich genauso gut wie ich: Das eine hat mit dem anderen nichts zu tun. Ich hatte schon immer was dagegen, Privates mit Geschäftlichem zu vermischen. Und ich hatte das gerade geklärt, da kam *Germany's Next Topmodel*. Und mit der wachsenden Bekanntheit kamen auch wieder dieselben Anspielungen: »Als Fernsehpromi und Juror hast du doch sicher zwölf an jedem Finger.« Was viele Leute heute noch denken. Also sollte man das mal klarstellen. Und eines muss ich gleich zugeben: Es hat sich dadurch tatsächlich was geändert. Prominenz macht sexy. Seltsamerweise.

Ich dachte eigentlich, ich wäre hervorragend auf die Folgen meiner TV-Auftritte vorbereitet, weil ich ja genug Models kenne und ihren Weg vom New Face ins Rampenlicht oft genug begleiten konnte. Aber der Vergleich funktionierte nicht so ganz. Models sind absolut gut aussehende Frauen, die schon vor ihrer großen Karriere attraktiv und umworben waren, der Unterschied zwischen vorher und nachher ist da nicht so groß. Bei Männern ist das nicht ganz so üblich. Sagen wir's so: Es ändert sich zweierlei. Es sinkt der Aufwand, den man bei Flirts betreiben muss. Und es steigt die Zahl der eindeutigen Angebote, die ich aber ablehne – das sei klargestellt.

Ich bin kein leidenschaftlicher Kneipengänger oder Partyhopper. Ich renne auch nicht zu jeder Einladung, die ich kriege. Und weil ich eher zurückhaltend bin, flirte ich auch nicht überall auf Teufel komm raus. Also wenn ich, sagen wir, vor meinen TV-Auftritten maximal fünf ernsthafte Flirts im Jahr hatte, könnten das jetzt spielend zehn oder 15 sein, wenn man es darauf anlegen würde. Das ist ja nicht viel für jemanden, der die meiste Zeit des Jahres Single ist und prinzipiell schon ganz gerne jemanden mal länger an seiner Seite wüsste. Aber man merkt doch einen deutlichen Unterschied zu vorher, und es wäre Blödsinn, zu behaupten, dass das mit meiner TV-Karriere nichts zu tun hätte.

Andererseits darf man sich das auch nicht vorstellen wie backstage bei Robbie Williams, es gibt keine kreischenden Fans, die mich mit Slips bewerfen oder so. Da muss man auch mal die Kirche im Dorf lassen, ich bin schließlich nie der Mittelpunkt der Show gewesen – eher ein Stammgast mit hohem Wiedererkennungswert. Man stellt nur einfach fest, dass man öfter angesprochen wird und die Flirts mitunter unerwartet einen recht direkten Touch bekommen.

Nun ist es dabei nicht gerade so, dass die Frauen sagen »Lass uns ins Bett hüpfen«, dass sie an ihrem Ausschnitt spielen und mit der Zunge über die Lippen lecken wie in einem Billigporno. Da bekäme ich vermutlich auch eher einen Lachkrampf. Aber die Gesten, Berührungen sind offener, einladender. Man tastet sich ran, man hört mehr Komplimente. Wenn mir eine Frau sagt, dass ich gut aussehe,

Auch ein Vorteil des Promi-Daseins: Man trifft Bundestrainer Jogi Löw 2008 beim »Bambi«.

kann ich davon ausgehen, dass das Gespräch ziemlich sicher in eine andere Richtung gehen wird als wenn sie mir sagt, dass sie meine Arbeit bewundert.

Anfangs hat mich das stutzig gemacht. Man wird als Mann eher selten angegraben und plötzlich passiert das eben doch. Da ist doch was faul, denkt man. Man bekommt ja auch jahrelang keine Einladungen in die VIP-Logen der »Allianz Arena« und plötzlich kriegt man sie. Und so, wie sich bei den Logen-Einladungen natürlich immer irgendwann herausstellt, dass man letzten Endes doch mit seinem Gesicht für den Logensitz zahlt, dass nämlich die Firma das Ganze per Video filmt und dann auf ihre Homepage stellt oder dass man irgendeinen Besucher durch seine schlichte Anwesenheit beeindrucken soll, so muss man auch damit rechnen, dass einen manche neue weibliche Bekanntschaft nicht unbedingt als Lebenspartner betrachtet, sondern sich einfach nur gut vorstellen kann, dass man die Nacht auf ihrer Bettkante verbringt und vielleicht sogar noch erheblich angenehmer.

Doch zweierlei ist mir in diesem Zusammenhang wichtig. Erstens: Meine größere Bekanntheit kann meinetwegen schon mal ein beschleunigendes Element im Flirt sein, niemals aber Bewunderung. Ein Fan kann dazwischen nicht immer entscheiden, ich muss es und tue es konsequent. Was für meine Agentenkarriere galt, gilt sozusagen auch für meine Jurorenlaufbahn: keine Models aus meiner Firma, keine Fans der Sendung, keine angehenden Models, und auch nicht deren Mütter (ja, richtig gelesen, auch die würden mitunter gerne ihren Töchtern helfen).

Weshalb ich zweitens peinlich darauf achte, dass niemand den Eindruck bekommt, ich würde hier irgendwem irgendwas versprechen oder gar in Aussicht stellen. Bei Flirts blocke ich Model- oder Karrierefragen vorsichtshalber rigoros ab. Ich würde sogar weitergehen: Man kann mit mir flirten oder über Karrierefragen reden – aber nicht beides. Wenn man sich für eines von beiden Dingen entscheidet, beendet man sozusagen das andere Kapitel. Meine Meinung, meine Expertise ist letztlich das, was mir langfristig meine Karriere sichert. Was pikanterweise manchmal sogar beide Kapitel beendet: Ich habe festgestellt, dass Frauen manchmal sogar hartnäckiger zu sein scheinen, sobald man ihnen sagt, dass sie den Traum vom Model lieber begraben sollten. Irgendwie scheint diese Arroganz teilweise sogar anziehend zu wirken. Fragen Sie mich nicht, warum – ich bin Modelmacher, nicht Frauenversteher.

Inzwischen können Sie vermutlich nachvollziehen, dass für mich trotz größerer Prominenz Beziehungen nicht unbedingt einfacher geworden sind. Was erschwerend hinzu kommt: Ich bin ziemlich lang und ziemlich viel Single gewesen. Ich war es nie aus Überzeugung. Aber weil ich es oft und lange war, habe ich mich damit ganz gut arrangiert. Und das macht das Zusammensein und Zusammenleben dann schon wieder schwierig. Ich kann einen ganzen Samstag supergemütlich verplempern, alle Fernsehsendungen durchzappen, ich kann beim Fußball nebenher mit Wafa telefonieren oder anderen Bayern-Fans, ich kann dann auch noch das *Sportstudio* sehen, die Zusammenfassung auf Sky, und nie, nie würde

mich jemand fragen: »Sag mal, wie viele Kameraeinstellungen von einem Tor willst du eigentlich noch sehen??« Vor zehn Jahren war ich sicher anpassungsfähiger, als ich es heute bin. Inzwischen bin ich ziemlich störrisch.

Das ist eben das Knifflige an uns Langzeit-Singles: Dass wir zwar wissen, wie es ist, sich zu verlieben. Aber wir wissen nicht so genau, wie man dann weitermacht. Und ob das gut ist. Oder schlecht. Wir wissen, wie man einsam ist und wie man mit der Einsamkeit klarkommt, wenn sie einen nervt. Wir wissen nicht, wie man gemeinsam ist und wie man mit der Gemeinsamkeit klarkommt. Und es passiert tatsächlich, dass man sich dann manchmal die Beziehung so problematisch redet, dass man sie dann lieber beendet oder einschlafen lässt, letzten Endes aus lauter Angst vor dem unbekannten Land namens »Partnerschaft«. Ich fürchte, ich brauche in dieser Hinsicht noch immer ein wenig Zeit – oder die richtige Frau natürlich …

Pressefoto beim Eisfußballpokal in der »Lanxess Arena«, 2009. Hinten, von links: Matthias Scherz (1. FC Köln), Thomas Brdarić (Exnationalspieler), Stefan Raab (König von ProSieben), Axel Stein (Comedian), Elton (Dauerpraktikant), Jürgen Aust (Schiedsrichter).
Vorne, von links: Ich, Guido Cantz (Comedian), Ingo Anderbrügge (Schalke 04), Joey Kelly (absolutes Sportmonster).

Meine Supermodels

Kann man von Supermodels lernen? Schwer zu sagen, denn ganz oben haben die kleinsten Dinge die größten Auswirkungen. David Beckham zum Beispiel hat sich ja nach Ansicht vieler Experten nicht durch seine Kickerfähigkeiten zum Superfußballer gemausert, sondern durch sein Mode- und Modeltalent. Ich kenne kein Model, das sich umgekehrt durch seine Kickerkenntnisse als Supermodel qualifiziert hätte. Aber in jedem Fall hilft es, einzigartig zu sein, und diese Einzigartigkeit hat viele Facetten. Dabei ist es gewiss nicht das spezielle Talent, das aus einer Frau ein erfolgreiches Model macht. Aber ab einer gewissen Flughöhe in der Karriere machen diese kleinen Fähigkeiten eben den Unterschied zwischen Model und Supermodel aus. Das kleine Extra mit der Wunderwirkung.

Naomi Campbell: überlebensgroß

Sei ein Star. Und wenn du einer bist: Sei ein größerer Star. Niemand kann das besser als Naomi Campbell, das erste große afrikanischstämmige Supermodel. Ich widerspreche Heidi ja nur ungern, aber wenn

Naomi Campbell und ich bei der »GQ Style Night«, 2007.

sie in ihrer Werbung für »McDonald's« – »Echte Stars essen natürlich nur Stars of America« verkündet, greift sie da deutlich zu kurz: Naomi Campbell würde sich den Hamburger bringen lassen, würde hineinbeißen, dann würde sie leidend schauen und sagen, dass sie heute solche Kopfschmerzen hat, dann würde sie sich die Aspirin-Tabletten bringen lassen, dann doch lieber die Aspirin-Tabletten mit Vitamin C, dann das Wasser, um dann mit einem noch leidenderen Gesicht sagen: »Oh, das Wasser ist ja mit Sprudel.«

Und dann, nach einer kleinen Pause, in der man ständig Angst haben muss, dass sie in den nächsten drei Minuten stirbt: »Na ja, es geht auch mit Sprudel.«

Allüren erhöhen den Stellenwert und damit den Marktwert, niemand hat das so erkannt und perfektioniert wie Naomi Campbell. Aber wohlgemerkt: Als Naomi das entdeckt hat, war sie schon jemand. Skandale können helfen, aber nur, wenn man schon auf einem Toplevel ist. Wer mit Skandalen anfängt, wählt eine ganz andere Laufbahn, die der Skandalnudel.

Wir halten also fest: *Erst* kommen wir auf das Cover der französischen *Vogue*, *dann* verprügeln wir unsere Haushälterin mit einem juwelenbesetzten Handy. *Erst* werden wir das Lieblingsmodel von »Yves Saint Laurent«, *dann* werfen wir unsere Assistentin aus einem fahrenden Auto. Erst dann gilt: Bad press is press, too. Und noch eines kann man sich von Naomi abgucken: Ab einem gewissen Erfolgslevel ist gute Vorbereitung zweitrangig.

Ich erinnere mich, sie mal in Paris abgeholt zu haben, und noch vor dem Meeting mit dem Kunden gab's für Naomi nur eines: Sie musste als Erstes ins Hotel. Als ich den Grund erfahren habe, konnte ich es kaum glauben – sie musste erstmal die Bikinizone rasieren.

Wir lernen: Auf dem Naomi-Level rasieren wir unsere Bikinizone, wann's uns grade einfällt. Aber bis wir dort angekommen sind: VORHER!

Gisele Bündchen: Das Model von nebenan

Was an Gisele immer wieder überrascht, ist ihre Kumpelhaftigkeit. Sie sieht aus wie eine wunderschöne Lady, aber sie klingt oft, als sollte man mit ihr erstmal mit einem Sixpack Bier und einem Großbildfernseher einen Al-Bundy-Gedenkabend veranstalten. Das wirkt bei ihr auch nicht prollig, ganz im Gegenteil – es schafft sofort Vertrautheit, Entspanntheit, und das ist am Set unbezahlbar. Wenn alles um sie herum rotiert, wenn bei einer Modewoche Hysterie und Hektik Hand in Hand gehen, dann ist Gisele gelassen und locker. Die Kunden lieben das, denn wer ein Supermodel engagiert, ist meist auch selbst schon leicht nervös und erwartet die hochkomplizierte Topdiva. Dann kommt Gisele, down to earth, mit einer gesunden Prise Humor, plötzlich sind alle hervorragend drauf und das Ergebnis wirft alle um. Ich weiß nicht, ob sie das bewusst einsetzt, wenn, ist es geschickt gemacht und bestätigt eine exzellente Selbsteinschätzung. Denn das Ganze kann auch ins Auge gehen. Fiona Erdmann zum Beispiel würde (ohne dass sie deswegen die Idee von Gisele geklaut haben muss) gerne so burschikos und pflegeleicht wirken, aber bei ihr wirkt das bei weitem nicht so locker und natürlich und deshalb auch immer ein wenig verkrampft. Wenn Gisele das feststellen würde, würde sie die Nummer sofort abbrechen – und das macht eben den Unterschied aus. Woher Gisele diese Gabe hat, kann ich nicht sagen, es kann aber damit zusammenhängen, dass sie aus wirklich ganz einfachen Verhältnissen kommt, aus einer großen Familie, zu der sie die enge Beziehung auch nie aufgegeben hat.

Milla Jovovich: Scheinwerfer der Seele

Oh Mann! Milla … Von Milla zu lernen ist schwer, weil sie einfach die tollsten Augen aller Zeiten hat. Das glaubt man nicht, wenn man's nicht gesehen hat, aber ich erinnere mich noch genau an den Tag, an dem sie das erste Mal zu uns ins Büro kam, an den Bookertisch, an dem sie sich dann mir schräg gegenüber hinsetzte. Ich sah in diese blauen Augen und ab diesem Moment war ich hin und weg. Sie verströmte eine unglaubliche Ruhe, einen immensen Charme. Und sie verzaubert mit ihrer Gegenwart den ganzen Raum auf eine ganz besondere Weise. Das ist nicht leicht, weil man zunächst ziemlich ehrfürchtig, fast etwas eingeschüchtert auf sie reagiert – aber sie macht ihre Gegenwart zur normalsten Sache der Welt. Sie benimmt sich ausgesprochen respektvoll, egal, ob sie jetzt mit mir spricht oder einem Praktikanten oder am Bahnhof mit dem Gepäckträger. Sie reagiert schnell, sie hört gut zu, sie ist einfach faszinierend. Und obwohl das alles jetzt so schwärmerisch klingt: Mir war sofort klar, mit und neben dieser Frau könnte ich einfach nicht leben. Die ist so stark, die ist so souverän, so intelligent – da könnte ich einfach nicht mithalten. Ich würde den ganzen Tag damit verbringen müssen, mich ihrer würdig zu erweisen. Und das könnte ich natürlich nicht mit meinen geliebten Fußballnachmittagen vor dem Fernseher erreichen, ich müsste dazu den ganzen Tag den Himalaja besteigen, Waisenkinder aus brennenden Häusern retten, Nobelpreise gewinnen (Literatur? Medizin? Beides?), Tiere aus Versuchslabors befreien …

Wenn man mal drüber nachdenkt: Es ist wirklich unglaublich, was man für einen Unsinn denkt, während man in die Augen von Milla Jovovich schaut.

Laetitia Casta: hellwach

Der lebende Beweis dafür, dass man es mit reiner Neugier, mit Aufgeschlossenheit und Interesse für alle möglichen Dinge weit bringen kann – sogar zum Supermodel, was sie pikanterweise nie werden wollte. Sie hat schauspielerisches Talent, aber sie hat auch den braunen Gürtel im Judo. Sie schaut einfach über ihren Tellerrand hinaus, im wahrsten Sinne des Wortes – in London hat sie mal einfach so einen Obdachlosen zum Essen eingeladen. Und all das sieht man, wenn sie als Model arbeitet: Weil sie mit offenen Augen durch die Welt geht, kann sie unglaublich viele Facetten einbringen, den Kunden und den Fotografen neue Möglichkeiten anbieten, obwohl modeln für sie eigentlich überhaupt nicht im Vordergrund steht.

Laetitia freut sich über kreative Aufträge, dann ist sie mit Spaß dabei Die Kampagne für »Miu Miu« etwa ist das beste Beispiel. Und an ihr sieht man auch, dass man sich praktisch komplett aus den Medien raushalten kann. Wenn Sie Laetitia beispielsweise bei »Google News« eingeben, kriegen Sie zwar viele Nachrichten, aber alle berufsbezogen. Sie dreht diesen Film, sie macht jene Kampagne – das privateste, was man findet, ist da noch, dass Laetitia im Sommer ihr drittes Kind bekommen hat. Aber natürlich gehören nicht nur Neugier und Aufgeschlossenheit zu ihrem Erfolg: Es hilft schon auch, wenn einen ein Fotograf mit 15 Jahren beim Familienurlaub vom Strand weg entdeckt.

Kate Moss: unverwundbar

Wer in der Öffentlichkeit steht, wer sich angreifbar macht, der braucht ein dickes Fell. Und das Fell von Kate Moss ist das dickste in der Branche, da wären ganze Braunbärfamilien neidisch. Denn es ist ja wirklich so: Der Schritt in die Öffentlichkeit ist gefährlich, gerade anfangs, weil niemand so richtig daran gewöhnt ist, außer vielleicht Prominentenkinder. Und zuerst finden sich über neue Models in den Medien nichts weiter als schöne Fotos und vielleicht das Lob, wie gut man doch aussähe. Von diesem Lob kann man abhängig werden, wenn man unsicher ist. Und wenn dann nicht nur das Lob ausbleibt, sondern auch noch Kritik draus wird, dann kann das ganz fatale Folgen haben. Versagensangst, Depressionen, aber auch einfaches Verkrampfen, so dass von der entspannten Herangehensweise, der Lockerheit zum Schluss nichts anderes mehr übrig bleibt als ein verbissenes Grinsen … All das hätte Kate Moss zustoßen können, mehr noch: Es hätte ihr nach allen Erfahrungswerten eigentlich passieren *müssen*. Wir haben von ihr Bilder in der Zeitung gesehen, die zeugten nicht mehr von Partylaune oder zeigten einen kleinen Fauxpas, wo mal ein Nippel in einem ungünstigen Moment zu sehen ist – auf den Fotos, die Kate mit Pete Doherty zeigten, lag sie schlichtweg im Dreck. Diese Bilder haben sich eingeprägt, und man hätte jederzeit darauf gewettet, dass die Werbekunden damit nichts mehr zu tun haben wollen. Aber Kate kam glänzender zurück denn je, schöner, erfolgreicher. Ich trage ja normalerweise keine Hüte, aber für Kate Moss würde ich sofort einen aufsetzen, nur, damit ich ihn vor ihr und ihrer Leistung ziehen kann.

Als Kind musste sie mit ihrer Familie aus dem Sudan fliehen, und das hat sie geprägt.

Ich kenne niemanden, der respektvoller mit Menschen umgeht als sie. Es kann mit ihrem Familiensinn zusammenhängen, aber sie interessiert sich für die Menschen, denen sie begegnet. Wenn zum Beispiel die Frau eines Kollegen ein Kind bekommt, würden andere vielleicht nur gratulieren, aber Alek macht das sofort zur Herzenssache: Das wievielte Kind, und wie soll es heißen, und was wünschen sich die Eltern für das Kind? – Alek will es ganz genau wissen.

Und sie merkt sich derlei auch: Trifft sie Monate später denselben Menschen, fragt sie sofort nach, was das Kind und die Mutter machen.

Sie ist UNICEF-Botschafterin, und ich finde, selten haben die UN für ihr Kinderhilfswerk eine bessere Wahl getroffen. Und wenn Sie jetzt finden, dass das alles ein wenig nach Mutter Teresa klingt, dann gucken Sie mal bei »Youtube« ins Musikvideo des »James Bond«-Hits *Goldeneye*. Da liegt Alek einfach nur geheimnisvoll im Bild, und wer das so hinbekommt, der rollt den Werbemarkt auch als Mutter Teresa auf.

Liya Kebede: unabhängig

Ehrlich gesagt: Bei ihr fällt mir das Lob schwer. Dabei hat sie Erfolg ohne Ende. Aber Liya ist das, was man gemeinhin als »verwöhnte Göre« bezeichnet. So, jetzt ist es raus. Aber wie soll man das sonst nennen? Denn Liya war ein hübsches Mädchen aus besserem Hause, sonst nichts, und die Agentur hat sie aus diesem Nichts heraus Schritt für Schritt aufgebaut. In ihrer Karriere steckt Arbeit ohne Ende, und zwar die Arbeit anderer Leute. Bedankt hat sie sich dafür nie, sie nahm alles wie selbstverständlich hin. Und trotzdem muss man sagen: Sie hat's nicht vergeigt. Wer sich zickig gibt, wer die Leute nervt, hat es doppelt schwer, die Kunden zufriedenzustellen. Und das hat sie immer gemacht, das muss man einfach zugeben.

Man muss sich das etwa so vorstellen wie Gisele, die in der dritten Staffel von *Germany's Next Topmodel* auf Granit gebissen hat. Eine Zeit lang dachte ich mir, sie könnte es als Kratzbürste schaffen – sie könnte es sich mit allen verscherzen und trotzdem durchkommen, weil sie wirkte, als könne sie offenbar auf diese ganz normale Wärme der Menschen um sie herum tatsächlich verzichten. Das konnte Gisele in der Sendung nicht. Der Unterschied zwischen einer Gisele und einem Supermodel: Liya Kebede kommt mit den Folgen der Kälte hervorragend klar. Inzwischen wird sie als Schauspielerin gefeiert. Respekt, Liya, Respekt – aber so richtig mit dir freuen kann ich mich nicht.

Carolyn Murphy: unverlierbar

Carolyn ist die perfekte Allzweckwaffe. Ihr Geheimnis ist ihre enorme Wandlungsfähigkeit. Sie passt in die kühle Ästhetik des »Pirelli«-Kalenders genauso wie in eine Haute-Couture-Show von »Dior«, sie kann klassische Katalogarbeit machen und extravagante Werbekampagnen, sie kann unschuldig wirken und verführerisch, verrucht – ich weiß nicht, wo sie all das hernimmt und dabei noch immer unverwechselbar aussieht. Wenn ich einen Termin besetzen müsste, ohne zu wissen, was der Kunde will, wäre Carolyn meine erste Wahl. Sie würde vielleicht nicht in jeder Disziplin das absolut bestmögliche Ergebnis erreichen, aber wer Carolyn engagiert, hat in jeder Disziplin eine fast hundertprozentige Chance, zumindest das zweitbeste aller möglichen Resultate zu kriegen. Im modernen Marketingdeutsch klingt das ja immer abwertend, aber ich versichere, das kann sonst niemand garantieren. Vielleicht nicht einmal eine Heidi Klum, und die macht ja wirklich oft sogar das Unmögliche möglich.

Bridget Hall: oft in Feierlaune

Ausgiebiges Feiern empfiehlt sich nicht für Models. Aber in mindestens einem Fall weiß ich, dass er auch kein Hindernis sein muss: Bridget Hall. Bridget feiert gern, aber sie steckt das weg wie ein schottischer Urlauber. Denn die Kunst des Feierns ist ja nicht das Feiern selbst, sondern der Tag danach. Und am Tag danach ist Bridget wie das perfekte Stehaufmädchen. Und zwar in einem Topzustand, da wird nicht genölt, dass man Kopfweh hätte, sie sieht auch nicht so derangiert aus, dass die Stylistin einen Weinkrampf bekommt, im Gegenteil – Bridget taucht am Set auf wie andere aus einer 14-tägigen Erholungskur. Dass das keine Folgen zeigt, ist ein absolutes Wunder und daher ist das Rezept auch zur Nachahmung nicht zu empfehlen. Etwas, das aller Erfahrung nach einfach nicht gutgehen kann. Etwas, das offenbar nur bei Bridget gutgeht.

The Making of: Heidi Klum

Man muss Heidi Klum nicht mögen. Aber es ist unmöglich, ihre Leistung nicht zu bewundern. Heidi ist ein Phänomen, und das Phänomenale daran ist, dass es sie nach allen Regeln der Branche eigentlich gar nicht geben dürfte. Weil Heidi definitiv keine guten Voraussetzungen hatte. Sie sieht eigentlich zu kommerziell aus, sie ist zu üppig, sie ist zu mainstream. Gut, Heidi hat ein überwältigendes strahlendes Lächeln, eine Natürlichkeit und Begeisterungsfähigkeit, die über jeden hereinbricht, die jeden mitreißt wie eine erfrischende Welle. Aber das allein erklärt ihren Erfolg nicht: Viel entscheidender ist ihr unbändiger Ehrgeiz.

Heidi hat sich nie auf irgendetwas ausgeruht. Heidi wollte immer mehr. Wenn sie bei »IMG« ins Büro trat, sprühte sie vor Energie und vor Ideen. Lass uns das probieren, lass uns jenes machen – Heidi hätte nie zugelassen, dass ihr Agent sie einfach nur vermittelte, so gut es eben ging. Heidi arbeitete ständig daran, ihr Arbeitsgebiet zu erweitern. Erst die Werbung, dann die Magazincover, dann die Laufstege – und auch dies ist wieder eines der paradoxen Beispiele aus der Klum'schen Karriere: Sie hat sich in den Köpfen der Öffentlichkeit auch auf dem Laufsteg festgesetzt, obwohl sie dort fast nie im

Einsatz war. Der clevere Trick: Sie hat die für den Laufsteg untypische, aber unglaublich öffentlichkeitswirksame Show von »Victoria's Secret« zu ihrer persönlichen Bühne geformt. Heidi in sexy Unterwäsche mit den beeindruckenden Flügeln auf dem Rücken – ein unvergessliches Bild.

Es gibt nicht viel, was Heidi nicht geschafft hat im Leben. Eines davon ist ein Job bei Starfotograf Helmut Newton. Aber die Art, wie sie es versucht hat, zeigt viel von ihrer Arbeitsweise.

Der Gedanke an sich war exzellent: Heidi steht zunächst für sprudelnde Fröhlichkeit, für Lebensfreude, und da wäre der kühle Look von Helmut Newton eine ausgezeichnete Gelegenheit gewesen, sich mal von einer ganz anderen Seite zu präsentieren. Aber da gehören halt immer zwei dazu, einer, der die Idee hat, und einer, der sie gut findet. Heidi hatte die Idee, und sie ließ nicht locker, bis sie mich so weit gebracht hatte, dass ich Newton ihr Modelbuch zukommen ließ. Ich war auch deshalb ein wenig störrisch, weil ich mir unmöglich vorstellen konnte, dass Newton etwas mit ihr würde anfangen können. Aber trotzdem habe ich nachgegeben. Ich begann währenddessen sogar, etwas an meiner eigenen Meinung zu zweifeln, als ich Heidis Fotos zusammenstellte: Bilder, nach denen sich andere Models und Auftraggeber die Finger lecken würden. Vielleicht sah ich das Ganze ja zu skeptisch. Ich drückte das Material einem Boten in die Hand und schickte ihn los. Doch von Helmut Newton hörte man nichts. Erst eine Woche lang, dann zwei, dann drei und dann irgendwann habe ich gedacht, jetzt könnte ich schon mal nachfragen, ohne dass es nach Drängeln aussieht. Newton selbst habe ich nicht gesprochen, natürlich nicht, aber der Meister ließ mitteilen: Ich könne einen Kurier schicken und das Buch abholen lassen. Tja, was will man da machen?

Man schickt den Kurier und holt das Buch. So sind die Künstler. Manchmal denke ich mir heute, man hätte es wohl anders einfädeln müssen. Künstler haben halt auch immer selbst gerne die großartige Idee, man hätte ihn vielleicht einfach mal ansprechen und dann geschickt das Gespräch so lenken müssen, dass er selber auf Heidi gekommen wäre und es dann für seinen Einfall gehalten hätte … Vielleicht war sie auch einfach nicht sein Typ. Das kommt auch vor. Aber trotzdem muss ich ihr Recht geben: Sie hat's versucht. Sie hat ihr Bestes gegeben, sie hat ihren Agenten beinahe vom Unmöglichen überzeugt, und es hat halt diesmal nicht gereicht. Und wenn sie Newton persönlich getroffen hätte, wer weiß, ob nicht auch er ihr erlegen wäre.

Geschäfte gut, alles gut: Heidi, ich und Dawn (v. l.) 2000 im Pariser Büro von »IMG«.

Natürlich gehört auch Glück dazu. Sie hat einen Vater, der nicht immer alles, aber doch das meiste richtig macht, was besonders bemerkenswert ist, wenn man bedenkt, dass Modelvater ein Beruf ist, in dem man sich alles selbst beibringen muss – eine Schule dafür gibt's nicht. Und wenn dann der richtige Modelvater im richtigen Moment am richtigen Ort ist, dann moderiert das Model auch die Auslosung der Fußballweltmeisterschaft 2006. Denn dieses Millionenereignis hätte sie mit den falschen Beratern an ihrer Seite wohl sausen lassen, Heidi macht sich nämlich absolut nichts aus Fußball. Und der zweite Moment, in dem etwas Glück nötig war, war der Moment, in dem sie erstmals zu *Wetten dass …?* ging.

Damals war Heidi in den Vereinigten Staaten bereits eine richtig große Nummer. Heidi Klum kannte dort jedes Kind. In Europa und besonders in Deutschland hatte davon jedoch kaum jemand etwas mitbekommen. Das passiert manchmal, so irritierend das ist, aber Robbie Williams beispielsweise kennt in den USA auch kaum jemand. Um das zu ändern, war *Wetten dass …?* das ideale Sprungbrett, das war Heidi klar und auch ihrem Papa, aber Papa Klum fehlte damals noch der richtige Hebel in der Hand. Praktischerweise, glücklicherweise war Heidi gerade bei der richtigen Agentur – »IMG«.

Ich machte zunächst nichts anderes als Papa Klum: Ich rief bei den Machern der Sendung an und pries Heidi in den schönsten Farben und höchsten Tönen. Und ich bekam zunächst dieselbe Antwort wie Papa Klum: »Das ist noch zu früh. Heidi ist noch niemand für uns.« Allerdings bekam ich diese Antwort mit einem Zusatz: »Wir wären aber an Tyra Banks interessiert.« Und dann habe ich einfach ein bisschen gezockt: »Tyra? Kein Problem – wenn ihr Heidi mitbucht.«

Und so warteten wir, Heidi und ich, im Februar 1999, am Abend vor der Sendung auf Heidis ersten Auftritt dort und auf Tyra Banks. Heidi trug ein fantastisches Kleid von »Dolce & Gabana«, ich hatte eine Woche lang Blut und Wasser geschwitzt, um das Schmuckstück noch rechtzeitig zu besorgen. Heidi war unruhig. Nach außen war nicht allzu viel zu merken, aber wer sie kannte, wusste wie nervös sie war. Und das wurde nicht unbedingt besser, als ein Anruf von Tyras Assistenten kam: Tyra war krank und musste den Auftritt platzen lassen. Ich wurde blass, benachrichtigte besorgt die Redakteure der Sendung. Und hörte dort erfreut den Satz: »Na, das kennen wir ja von den Amis. Dann nehmen wir halt nur Frau Klum.« Und tags darauf saß Heidi auf der Couch, in der ersten Unterhaltungssendung, in der mit Gerhard Schröder ein deutscher Bundeskanzler saß. Und Heidis Magie wirkte wieder mal Wunder: Das Publikum bekam ihre Nervosität sehr wohl mit – und freute sich. Weil sie dadurch einfach wieder einmal wundervoll natürlich wirkte. An diesem Abend erreichte *Wetten dass ...?* 15 Millionen Menschen in Deutschland, Es war wie ein Sechser im Lotto. Es war Heidis absoluter Durchbruch in Deutschland. Der Schritt vom erfolgreichen Model zum Superstar.

Doch dieses Erfolgsrezept ist schwer zu kopieren. Denn eines ist und bleibt Heidis Stärke: der direkte Kontakt. Für Heidi habe ich als Agent gern alles mitgemacht. Ich erinnere mich, wie sie mal in Paris war und unbedingt auf einen Flohmarkt wollte. Bei der Vorstellung standen mir alle Haare zu Berge: Ein Flohmarkt im Herbst in Paris, lauter trübe Gesichter und mittendrin strahlt Heidi wie ein bildschöner Leuchtturm, da kann man ja gleich eine Pressekonferenz geben. Aber Heidi bestand drauf, und ich sollte mit, ihre Mama war auch dabei. Also gab ich nach und es ist wirklich ein sehr lustiger Nachmittag geworden, für alle, auch für mich – mit Heidi hat man einfach richtig viel Spaß. Sie hat mich zu Eurodisney mitgenommen, ich war praktisch mit der ganzen Familie dort. Heidi hat immer viel verlangt – aber sie hat auch viel zurückgegeben. Und sie hat da weder etwas gespielt noch vorgegeben. Sie ist nicht gut gelaunt, um alle Leute bei Laune zu halten – sie ist es, weil sie einfach nicht anders kann. Und auch, wenn wir bei *Germany's Next Topmodel* nicht mehr zusammenarbeiten: Die Erlebnisse als ihr Agent und mit ihr in der Jury zählen zu den unterhaltsamsten, fröhlichsten Momenten, die man sich denken kann.

99 Prozent oder: Wie man ein Kapitel beendet

Die schlimmste Zahl im Mediengeschäft ist die Zahl »99«. Diese Zahl taucht normalerweise im Zusammenhang mit Prozenten auf, und sie hat auch eine kleine Schwester, die noch schlimmer ist, nämlich die Zahl »99,9«. Diese Schwestern beschreiben üblicherweise Wahrscheinlichkeiten, mit denen ein bestimmtes Ereignis eintreten wird. Und sie besagen, dass nur in einem unglaublich unwahrscheinlichen Fall, der niemals nicht und unter gar keinen Umständen geschehen kann, dieses Ereignis ausbleiben wird. Mit 99,9 Prozent Wahrscheinlichkeit werden Sie zum Beispiel mit Zertifikaten der Bank »Lehman Brothers« ein Vermögen verdienen. Mit 99 Prozent Wahrscheinlichkeit hätte ich Ihnen bei »IMG« eine Zusage von Tyra Banks am nächsten Donnerstag um 11 Uhr vermitteln können. Und mit 99 Prozent Wahrscheinlichkeit hätten Sie mich in der Jury der fünften Staffel von *Germany's Next Topmodel* finden sollen. Ich denke, Sie verstehen langsam das Prinzip.

Ich habe lange überlegt, ob ich das folgende Kapitel überhaupt schreiben soll. Nicht, weil es langweilig wäre. Aber wirklich informativ wird es für Sie nur, wenn Sie ganz zufällig Booker in einer renommierten internationalen Modelagentur sind und man Ihnen einen

Job im Fernsehen anbietet – was zugegebenermaßen auf relativ wenige Menschen zutrifft.

Andererseits ist es natürlich nicht ausgeschlossen, dass Sie eines Tages Booker bei einer international renommierten Modelagentur *werden*. Und wenn Sie dann 200 absolute Topmodels vermitteln, kann es schon mal passieren, dass eines dieser Models eine TV-Sendung macht. Und dann, zumal wenn Sie in Ihrem Job auch noch wirklich gut sind, dann kann es natürlich sein, dass dieses Topmodel Sie fragt, ob Sie in der Jury dieser Sendung mitmachen wollen. Sehen Sie, und dann könnten Sie mit Recht erwarten, dass ich Ihnen ein paar Tipps gebe.

Ich war immerhin vier Jahre lang Juror bei *Germany's Next Topmodel*, nach Dieter Bohlen, Heidi Klum und Detlef D! Soost bin ich vermutlich einer der Dienstältesten in diesem Job. Und ich gebe zu: Da hört man so allerhand. Also gut: Wenn Sie also Booker sind, und vor Ihnen liegt dieses TV-Angebot mit relativ viel Geld – sollen Sie's machen? Aber ja! Nur nicht zu gut.

Schauen Sie nicht so entrüstet! Ich weiß, dass Sie immer gute Arbeit abliefern wollen. Das will ich auch. Schon allein im Sinne des Senders. Ich meine nur: Sie wollen ja vielleicht Ärger mit Ihrem Supermodel vermeiden. Und das können Sie nur, solange die Sendung weder zu schlecht läuft noch zu gut. Beides ist für die Zusammenarbeit gefährlich.

Denn wenn die Show so schlecht läuft, dass sie abgesetzt wird, dann stehen alle Beteiligten dumm da und es gibt jede Menge Zoff. Wenn aber die Show so gut läuft, dass sie eine richtige Milchkuh wird, wenn die Millionen an Werbegeld und Honorar nur so durch die Gegend rauschen, dann kommen nicht Friede, Freude, Eierkuchen, sondern dann wird's erst richtig explosiv. Schwer zu glauben? Ich erklär Ihnen mal ein bisschen detaillierter, wie es vielleicht laufen könnte.

Sehen Sie, so eine Show läuft anfangs nicht lang. Acht Wochen Sendedauer, einmal pro Woche, sagen wir: donnerstags um 20.15 Uhr, weil noch keiner ahnt, wie gut sie ankommen wird. Aber wenn die Show gute Quoten einfährt, bleibt es nicht dabei. Erst läuft die Show zehn Wochen. Und wenn Sie nichts tun, um die Quoten zu sabotieren, vielleicht sogar zwölf bis 16 Wochen. Und damit nicht genug. Allerdings stößt man hier rein sendetechnisch auf ein Problem.

Manche Sendungen kann man das ganze Jahr sturheil vor sich hin senden: die *Tagesschau* zum Beispiel oder die *Simpsons*. Das kann man mit einer Show wie *Germany's Next Topmodel* nicht. Das ist ja ein Ereignis, und wenn ein Ereignis sich dauernd ereignet, dann ist das irgendwann wie das Meeresrauschen: An den ersten Tagen am Strand liebt man es, aber nach zwei Wochen hat man sich dran gewöhnt.

Also lassen sich die Verantwortlichen im Sender etwas Besseres einfallen. Sie sagen: »Das Thema ist gut, die Zuschauer interessieren sich für das Leben von Models. Und nachdem wir jetzt schon gezeigt haben, wie man Models findet und was sie lernen müssen, könnten wir jetzt auch zeigen, wie das Leben von Models weitergeht, wenn sie mal entdeckt sind – da machen wir eine neue Sendung draus. Und eine neue Sendung braucht auch einen neuen Moderator.« Der sollen Sie werden. Und Sie freuen sich auch entsprechend. Aber das ist etwas voreilig.

Pardon, ich will Ihnen Ihren Erfolg gar nicht madig machen, das ist ja wirklich eine schöne Sache für Sie, eine Anerkennung Ihrer Arbeit. Und in betriebswirtschaftlicher, in sendepolitischer Hinsicht, in Bezug auf die Marketingstrategie ist das ein cleverer, absolut sinnvoller Gedanke – doch Sie haben den Eindruck, dass ihn eine Person nicht so gut findet: das Supermodel. Aber bitte, das dürfen Sie jetzt nicht persönlich nehmen.

Das Supermodel kann ja vielleicht gar nicht anders. Persönlich ist das Model vielleicht eine unheimlich dufte Frau, mit der man ganze Herden von Pferden stehlen kann und an freien Tagen über die Pariser Flohmärkte schlendern. Und dazu sieht es aus wie ein Feuerwerk in einer glutheißen Sommernacht. Das Model mag Sie womöglich sogar richtig gern und findet Sie unter Umständen lustig und nett und darum sind das Supermodel und Sie rein menschlich solche Buddies, da passt kein Blatt Papier dazwischen. Aber das Supermodel hat ja inzwischen einen neuen Beruf.

Das Supermodel ist mittlerweile immer weniger Model und immer mehr Moderatorin und Werbefee und legt vielleicht Wert darauf, dass es auch immer genug Gummibärchen zwischen den Zehen hat und Leute findet, die dafür einen Haufen Geld bezahlen. Das ist gerade kein Problem, aber dem Supermodel ist klar, dass die Leute das auf Dauer nur machen, wenn das Supermodel immer als die lustigste und erfolgreichste Gute-Laune-Brezel der Welt herumspringt. Denn wenn das Supermodel nicht immer superlustig und supererfolgreich sein sollte, dann stopfen die Leute ihre Gummibärchen ganz schnell anderen Models zwischen die Zehen. Da kennen die nichts, das ist eine furchtbar harte Branche. Und deshalb sollte das Model auf sein Image achten.

Wie sichert nun das Supermodel am besten ab, dass es immer

lustig und erfolgreich wirkt? Zum Beispiel durch einen möglichst großen Gegensatz zu den Leuten um sich herum. Das Supermodel weiß: Neben Präsident Köhler wirkt jeder sofort lustiger als neben Mario Barth. Leider weiß man bei den Leuten in einer TV-Jury anfangs nicht, ob sie sich später als Horst Köhler entpuppen. Aber das kriegt man ja mit der Zeit mit. Deshalb, so denkt das Supermodel vielleicht spätestens in dem Moment, in dem Ihnen der Sender eine eigene Sendung anbietet: »Öha! Der ist jetzt offenbar etwas zu populär. Ich brauche als Ersatz dringend einen, dem niemand eine Sendung anbietet. Sonst ist meine schöne Gummibärchenwerbung futsch.«

Jetzt denken Sie vielleicht: »Soll das Model die Sache mal nicht so ernst nehmen! Dann gibt's halt mal ein Jahr lang keine Gummibärchenwerbung. Kriegt das Model denn den Hals nicht voll?« Aber da sind Sie ein bisschen ungerecht. Sehen Sie, das Model hat ja eine Familie zu ernahren. Es hat vielleicht drei oder vier Kinder, es hat womöglich einen Mann, der zwar tolle Musik macht, aber praktisch von der Hand in den Mund lebt, weil alle Leute seine Musik nur noch aus dem Internet klauen. Und dann kriegt das Model natürlich eine Heidenangst, dass es eines Tages nicht mehr für Brot und Butter reicht.

Weil Sie selbstverständlich nicht wollen, dass es hier um die nackte Existenz des Models geht, sind Sie entsprechend sensibel. Und Sie schreiben dem Supermodel eine E-Mail, in der Sie nachfragen, ob irgendetwas dagegen spräche, wenn Sie diese neue Sendung machen würden und dass Ihnen die Meinung des Models extrem wichtig sei. Aber wie bereits geahnt, ist Ihre dufte Freundin zum Pferdestehlen arg vergrätzt, wie Sie an der Antwort erkennen: »Ich kann dir bei deinen geschäftlichen Endscheidungen nicht helfen«, schreibt das

Model sinngemäß. Und das ist nicht das Ende der Antwort oder der Anfang oder das Mittelstück – das ist die gesamte Antwort.

Das finden Sie natürlich etwas beunruhigend. Sie fragen also bei Ihrem Sender nach, ob irgendwas nicht in Ordnung wäre. Und ob Sie denn auch in der nächsten Staffel der Sendung mit dem Supermodel dabei wären. Der Sender antwortet: »Aber klar doch! Mit einer Wahrscheinlichkeit von 99 Prozent.«

An dieser Stelle müssen wir über eine weitere Besonderheit der Zahl »99« reden: Nämlich, dass sie immer aus dem Mund von Menschen kommt, die ehrlich an diese Zahl glauben. Sie hören diese Zahl meistens von Menschen, die Ihnen absolut nichts Böses wollen, die veralbern Sie nicht, da will Sie auch niemand über den Tisch ziehen. Diese Menschen sind in diesem Moment von den 99 Prozent hundertprozentig überzeugt. Was in dieser Bankenkrise mit »Lehman Brothers« passiert ist, das hat sich kein Mensch vorher vorstellen können, das gab's seit über 80 Jahren nicht. Wenn ich Ihnen Tyra Banks zusage, dann weil der Kunde, der Tyra vor Ihnen am Donnerstag um elf wollte, faktisch schon abgesagt hat. Und wenn der Sender Ihnen sagt, dass Sie mit 99 Prozent Wahrscheinlichkeit in der Jury sitzen, dann glaubt er das auch. Der Sender kann sich überhaupt nicht vorstellen, was dagegen sprechen könnte: Schließlich ist eine Show mit bekannteren Gesichtern besser als eine mit unbekannteren. Und Ihr Gesicht findet der Sender prima, sonst hätte er Ihnen ja auch nicht eine eigene Sendung gegeben.

Andererseits ist eine Show mit einem Supermodel nur so lange eine Show mit einem Supermodel, wie das Supermodel mitspielt. Das weiß das Supermodel. Und das Supermodel mag ja vielleicht »Endscheidungen« mit »d« schreiben, aber Pokern kann es gut.

Erst ist das Supermodel ein bisschen schwanger. Dann brauchen die vielen Kinder vom Supermodel eine schöne Halloweenparty. In all der Zeit geht das Supermodel nicht ans Telefon und beantwortet praktisch keine E-Mails, sagt niemandem nichts und die Leute im Sender fühlen sich wie auf einer kleinen, aber sehr ungemütlichen Flamme in aller Ruhe gargekocht.

Aber das, denken Sie, gehört zum Geschäft, noch hat alles keine Eile. Bis zur neuen Staffel der Show mit dem Supermodel ist noch ganz schön lang hin. Der Sender dreht einstweilen mit Ihnen die neue Sendung. Und zwischendurch versucht er, die neue Staffel der Show mit dem Supermodel und Ihnen unter Dach und Fach zu bringen. Aber das Supermodel lässt sich Zeit. Während Ihnen der Sender tapfer zur Seite steht, kümmert sich das Supermodel vielleicht um lauter andere Sachen, die natürlich auch furchtbar wichtig sind: Neue Werbeverträge ausverhandeln, supereffiziente Workouts durchturnen, sich aufregende Sendekonzepte überlegen oder auch mal neue Juroren für Ihre Nachfolge suchen. Und so geht das wochenlang.

Der Sender hat in der Zwischenzeit schon Drehorte festgelegt und eine Crew gebucht, Kameras, Produktionsfirma, er hat alles, alles fertig, es fehlt einzig und allein nur noch die Jury. Was ein bisschen hinderlich ist, weil so eine Jury für eine Castingshow nicht ganz unwichtig ist. Eines Tages kann der Sender nicht mehr warten und ruft beim Supermodel an. Der Sender ist dann schon ganz grau und schrumpelig vor Sorge, und das Supermodel muss schon genau hinhören, damit es überhaupt noch versteht, was der Sender flüsternd fragt, nämlich sinngemäß: »Was um Gottes willen möchtest du?« Naja, und dann sagt das Supermodel vielleicht allerlei Kleinigkeiten, aber zum Schluss sagt es, dass es Sie nicht mehr in der Sendung haben will.

Sie sind bei dem Telefonat nicht dabei, sonst wären Sie jetzt vermutlich gleich ziemlich gerührt. Denn der Sender gibt nicht gleich auf, er findet erstaunlicher Weise noch die Kraft, um so in etwa zu fragen: »Ja, warum denn? Der ist doch ganz prima. Den hast du doch extra geholt, gerade *damit* er in der Jury sitzt.« Und dann wühlt das Supermodel vielleicht ein bisschen in seinem Argumentpapierkorb und sagt: »Die Sendung braucht einen Wechsel, um nicht immer gleich zu sein.« Und wenn Sie nun sagen, da könnte man genauso gut mit dem Fuß aufstampfen und sagen: »Das will ich aber so haben!«, dann liegen Sie vermutlich nicht ganz falsch.

Der Sender sagt dann noch ganz mürb: »Ja, aber wir haben doch mit dem einen Vertrag«, doch da hat das Supermodel schon aufgelegt, und spätestens dann klappt der Sender entnervt zusammen wie eine 95-Jährige unter einem Konzertflügel.

Spaß beiseite – wenn Sie wirklich Booker in dieser Situation sind, dann gibt es nur eine Regel für Sie, und die stammt aus der Betriebswirtschaft: Legen Sie niemals alle Eier in einen Korb. Verlassen Sie sich nicht drauf, dass Sie bis ans Lebensende TV-Juror in einer Show mit einem Supermodel sind. Nehmen Sie das Fernsehen als das, was es ist: Als manchmal chaotisch, manchmal einfach wunderbar und großartig, aber zu unberechenbar, um ein festes Standbein zu sein. Als ideales Spielbein. Als schön, wenn's klappt, aber nicht wirklich nötig. Und bleiben Sie bei dem, was Sie am besten können. Bei Ihrer Kernkompetenz. Bei Ihrem Fachwissen aus dem Modelbereich. Denn dann können Sie sich auch in dieser Lage entspannt und ein wenig kopfschüttelnd zurücklehnen. Und wenn der Sender bei Ihnen anruft und sagt, dass Sie draußen sind, können Sie sagen: »Schade, aber kein Problem. Ich weiß, an euch lag's nicht.«

Denn schade finden Sie es garantiert. Wenn Sie vier Jahre lang mit einer Mannschaft von Models, Kameraleuten, Redakteuren, Assistenten unterwegs sind, wachsen Ihnen viele davon richtig ans Herz. Das ist ein sympathisches Zirkusteam, und mit dem wollen Sie auch auf die nächste Reise, ist doch klar. Aber das lässt sich noch irgendwie ersetzen, mit anderen Sendungen, anderen Projekten, anderen Zirkusteams. Was Sie nicht ersetzen können, ist das, was Sie mal für eine Freundschaft gehalten haben.

Sie haben mit dem Supermodel immerhin lange zusammengearbeitet. Zehn Jahre, alles in allem. Sie waren bei Feiern dabei, spannenden Terminen, Sie haben ihm geholfen und es hat wiederum Sie weitergebracht, Sie haben mit ihm herumgealbert, und Sie haben sich wirklich ehrlich gefreut, als das Supermodel von allen möglichen Juroren, die es kennt, ausgerechnet Sie ausgesucht hat. Als das Supermodel noch persönlich angerufen hat, um Sie nach Ihrer Teilnahme zu fragen. Dasselbe Supermodel, das jetzt nicht mal den Hörer in die Hand nimmt, um die unangenehme Botschaft wenigstens selbst zu überbringen. Das so lange schweigt, bis Sie selbst völlig irritiert in E-Mails um Aufklärung bitten, weil Sie überhaupt nicht glauben können, was da grade passiert. Worauf das Supermodel Antworten sendet, die so sind wie eine Wachstuchtischdecke in einer drittklassigen Provinzwirtschaft: abwaschbar und auch leicht klebrig.

Aber es ist vielleicht auch etwas ungerecht, das nur dem Supermodel in die Schuhe zu schieben. Wenn Sie den TV-Job annehmen, werden Sie auch negative Erfahrungen machen. Da kommt niemand drum herum, auch wenn man immer wieder glaubt, man müsste sich nur einigermaßen anständig verhalten und alle anderen würden es dann schon genauso machen. Ein Irrtum, ein schmerzhafter Irrtum, den man nicht so einfach wegsteckt. Weshalb ich beschlossen habe, meine Karriere zu beenden, um mich in ein kleines tibetisches Kloster ohne TV-Empfang zurückzuziehen.

Wahrscheinlichkeit: 99,9 Prozent.

Mehr Infos:

www.peymanamin.com